ESTUDIO BÍBLICO GUIADO POR EL ESPÍRITU SANTO

EL REINO *de* PODER

CÓMO DEMOSTRARLO AQUÍ y AHORA

ESTUDIO BÍBLICO GUIADO POR EL ESPÍRITU SANTO

EL REINO *de* PODER

CÓMO DEMOSTRARLO AQUÍ y AHORA

GUILLERMO MALDONADO

WHITAKER HOUSE

Nota: El énfasis en negrita en las citas bíblicas es del autor.

Diseño de portada por Danielle Cruz. Traducción al español realizada por Gloria Zura.

El Reino de Poder: Cómo Demostrarlo Aquí y Ahora
(Estudio bíblico guiado por el Espíritu Santo)
Publicado originalmente en inglés bajo el título: *The Kingdom of Power: How to Demonstrate It Here and Now* (Self-Study Bible Course)

ISBN: 978-1-60374-886-5
eBook ISBN: 978-1-60374-887-2
Impreso en los Estados Unidos de América

Guillermo Maldonado
13651 S.W. 143rd Ct., #101
Miami, FL 33186
http://www.elreyjesus.org/
www.ERJPub.org

Whitaker House
1030 Hunt Valley Circle
New Kensington, PA 15068
www.whitakerhouse.com

Por favor, envíe sugerencias sobre este libro a: comentarios@whitakerhouse.com.

1 2 3 4 5 6 7 8 9 10 11 12 21 20 19 18 17 16 15 14 13

Contenido

Acerca de la serie Estudio Bíblico Guiado por el Espíritu Santo

La serie de Estudio Bíblico Guiado por el Espíritu Santo es una colección de diversos estudios independientes diseñados ya sea para individuos o para grupos. Cada curso de estudio personal presenta tanto temas escriturales como de un libro de la Biblia en particular. Los lectores pueden ir más allá de sólo leer la Biblia para involucrarse en el estudio de sus verdades y principios; aprendiendo a aplicarlos a la vida diaria de manera práctica, mientras crecen en su entendimiento de Dios y profundizan su relación con Él. Jesús dijo: *"Cuando venga el Espíritu de verdad, él os guiará a toda la verdad"* (Juan 16:13). Los lectores son animados a reconocer que sólo cuando el Espíritu Santo mora en nuestro interior podemos comprender verdaderamente las Escrituras y mostrar la vida de Cristo en la nuestra; y que debemos depender de Él cada vez que leamos o estudiemos la Biblia.

Introducción

Dios es el Gobernante Supremo del universo, incluyendo nuestro mundo, y Él quiere que seamos participantes activos en la propagación de su reino en la tierra. *"De Jehová es la tierra y su plenitud; el mundo, y los que en él habitan"* (Salmos 24:1). El reino de Dios es la vida de Dios ejerciendo su influencia, con la obra del poder del Espíritu Santo, a través de nuestra humanidad. Dondequiera que el reino de Dios gobierna, se demuestra visiblemente; y todas las obras de Satanás deben salir porque las tinieblas no pueden permanecer en el mismo territorio ocupado por la luz de Dios.

Muchos de nosotros hemos oído enseñanzas o leído libros acerca del reino de Dios, sin embargo muy pocos tenemos una revelación y entendimiento profundos de lo que es; por lo que nos perdemos sus verdades y beneficios. No logramos entender su poder para cambiar vidas.

El reino y la iglesia

Para entender el reino de Dios, primero, debemos ver que no es lo mismo que la iglesia. Jesús habló del reino más de cien veces, mientras que a la iglesia se refirió sólo dos. Después de su crucifixión y resurrección, Jesús se quedó en la tierra cuarenta días antes de ascender al cielo. ¿Qué hizo durante ese tiempo? Instruyó a sus discípulos *"acerca del reino de Dios"* (Hechos 1:3). Jesús es el Hijo de Dios (completamente Dios y completamente Hombre); y luego de que cumplió su misión en la tierra, Dios Padre, lo estableció como el Gobernante sobre el mundo. Como dice en Apocalipsis 11:15: *"Los reinos del mundo han venido a ser de nuestro Señor y de su Cristo; y él reinará por los siglos de los siglos"*. Dios le dio a Jesús toda la autoridad en el cielo y en la tierra. (Ver Mateo 28:18). Él es nuestro Señor y Rey, y a través de Él, el reino de Dios se expande a través del mundo.

La iglesia está compuesta de aquellos que han sido redimidos por la muerte y resurrección de Jesús, y que han sido llamados a expandir su reino, tal como Él lo hizo cuando vivió en esta tierra. El ámbito invisible, eterno y sobrenatural de Dios impacta el mundo visible, temporal y natural, por medio de los hombres y mujeres nacidos, por el Espíritu, en su reino. La iglesia no es el reino sino la agencia a través de la cual se extiende el reino.

El reino de Dios es la manifestación del ámbito espiritual que demuestra su señorío, dominio y voluntad sobre la tierra.

El reino de Dios y el reino de los cielos

Otro malentendido en cuanto al reino es el significado de las frases "el reino de Dios" versus "el reino de los cielos". En las Escrituras, por lo general, ambas se usan de manera intercambiable. Pero, si bien son similares, yo creo que cada una implica algo específico. El reino de los cielos es un lugar espiritual llamado "cielos", desde donde Dios gobierna e influencia la tierra y el universo entero. Es el lugar donde Dios habita, o la atmósfera donde se halla su trono, su corte de ángeles, ancianos y demás. (Ver, por ejemplo, Apocalipsis 4:9–10). El asiento de gloria y poder del Padre está rodeado por una "*luz inaccesible*" (1 Timoteo 6:16).

El reino de los cielos es invisible, pero impacta el mundo visible como el reino de Dios. Todo lo que ocurre en la tierra para hacer avanzar el reino, primero, debe ser revelado, declarado y decretado en el cielo. El reino de Dios extiende el dominio y la autoridad del Rey al mundo. Es el ámbito donde se obedece su autoridad, lo cual produce un cielo en la tierra. Por ejemplo, cada vez que Jesús proclamaba las buenas nuevas del reino, la enfermedad, el pecado, los demonios, la pobreza y la muerte tenían que huir.

El reino de Dios fluye en nosotros y a través de nosotros por el poder sobrenatural del Espíritu Santo; especialmente, cuando aprendemos cómo funciona el reino y actuamos conforme a sus principios. Debemos alumbrar el camino para que la gente vea el reino de Dios, y pueda experimentar la llegada del mismo a sus propias vidas, para que reciban transformación, sanidades y milagros personales.

Estos estudios bíblicos no están basados en teorías, sino en el conocimiento adquirido de la experiencia personal. Todo lo que enseño en estas páginas, nuestro ministerio lo ha experimentado. Miles de personas han visto y oído las manifestaciones del reino de Dios a través del mismo. En este curso, tú también descubrirás la naturaleza del reino de poder de Dios y aprenderás a entrar a él, de manera que puedas verlo demostrado, ¡aquí y ahora!

Cómo usar este estudio

Introducción

Bienvenido a *El reino de poder*, uno de los cursos de la serie de Estudio bíblico guiado por el Espíritu Santo. Nos complace que hayas tomado la decisión de ahondar tu conocimiento de la Palabra de Dios. Este curso está diseñado como un estudio bíblico personal acerca del reino de Dios; el cual puede ser completado de manera independiente por estudiantes particulares o ser utilizado en grupos de estudio bíblico, clases dominicales, un curso sobre los fundamentos de la fe cristiana o grupos de oración. Para aquellos que hayan leído el libro del autor *El reino de poder: Cómo demostrarlo aquí y ahora* (Whitaker House, 2013), este curso refuerza los temas más relevantes que se encuentran allí, a la vez que brinda un estudio más amplio de las Escrituras y una aplicación del tema.

Elementos de cada estudio

(Nota: Todos los elementos, combinados, llevan a una comprensión exhaustiva de los temas tratados en estos estudios; por lo tanto, el estudiante debe empeñarse en leer y responder cada uno de ellos).

Versículo o pasaje bíblico

Cada estudio comienza con un versículo o pasaje bíblico que destaca el tema.

Introducción

El autor provee el trasfondo, contexto y/o información relevante para preparar el marco de la lección a tratar.

Preguntas de estudio

Cada estudio incluye, aproximadamente, 15 preguntas, y algunas de ellas tienen varias partes. Las preguntas están organizadas por secciones que enfatizan aspectos particulares del tema. Cada pregunta va seguida de una referencia bíblica correspondiente entre paréntesis, que ayuda al estudiante a responderla. Si la referencia bíblica está seguida de una "a" o una "b" (ej., "Juan 3:16a" o "Juan 3:16b") esto significa que la respuesta se encuentra en "a", la primera parte del versículo, o "b", la segunda parte del versículo. El estudiante deberá leer el versículo o pasaje bíblico y luego, escribir la respuesta sobre la(s) línea(s) provista(s).

Reflexiones

Cada lección incluye conocimiento que el autor ha acumulado de sus experiencias con el reino de Dios en el ministerio o en sus estudios sobre el tema del reino en la Palabra de Dios. Por ejemplo, el primer estudio presenta "Reflexiones acerca del reino como el eterno ahora".

Definiciones clave

Son definiciones y explicaciones de conceptos clave relacionados con el reino de Dios, provistas en diferentes momentos a lo largo de los estudios.

Declaraciones para pensar

Periódicamente, se presentan declaraciones para la reflexión personal en letra negrita cursiva.

Conclusión

Al final de cada estudio, el autor resume el tema, brinda información adicional y/o le presenta un desafío al estudiante.

Oración de activación

Se provee una oración para activar al estudiante para vivir los principios de la lección, ser empoderado espiritualmente para servir a Dios y extender su reino en el mundo. Se anima a los líderes de grupo para elevar la oración en lugar de los estudiantes, mientras que al estudiante individual se lo anima a orarla por sí mismo(a). (Los estudiantes individuales deben adaptar las oraciones a la primera persona del singular).

Pasos para la acción

Se listan pasos para la acción con el fin de capacitar al estudiante en la aplicación de la lección a su vida, de manera práctica.

Encuentros con el reino de Dios

Cada estudio concluye con un testimonio acerca de alguien que ha tenido un encuentro transformador con el poder del reino de Dios. Estos testimonios proceden de la iglesia del autor, Ministerio El Rey Jesús, en Miami, Florida, de las iglesias afiliadas o de otras experiencias del autor en el ministerio.

Ayudas para el estudio

Versión bíblica

La traducción bíblica principal usada para este estudio es la *Versión Reina-Valera 1960*. Periódicamente, se usan otras traducciones bíblicas, las cuales se señalan de la siguiente manera:

(RVC): *Reina-Valera Contemporánea*

(NVI): *Nueva Versión Internacional*

(NTV): *Nueva Traducción Viviente*

Respuestas

Al final de este libro, se enumeran las respuestas a las "Preguntas de estudio" bajo los títulos de los estudios en la sección "Respuestas". Además, se incluyen los títulos de las diferentes secciones de cada estudio para una referencia más fácil. Las respuestas de los estudiantes deberán reflejar el contenido de las provistas en "Respuestas", si bien los términos pueden diferir en diversos grados, dependiendo de la naturaleza de la pregunta.

Estudio 1

EL REINO DE DIOS ESTÁ DENTRO DE TI

"El reino de Dios no vendrá con advertencia, ni dirán: Helo aquí, o helo allí; porque he aquí el reino de Dios está entre vosotros".
—Lucas 17:20–21

Introducción

Un reino es la influencia, dominio, voluntad y señorío de un rey o príncipe sobre cierto territorio con el propósito de gobernar sobre sus habitantes. No puede haber rey sin un dominio y súbditos. El reino de los cielos o reino de Dios es el ámbito y fundamento de poder del Señor manifestado en la tierra, y es una realidad que puede recibirse y disfrutarse hoy. Es su dominio y señorío, donde Él establece su voluntad, aquí y ahora, a través de la obra redentora de su Hijo Jesucristo en la vida de la gente. Dios gobierna sobre territorios terrenales, entidades y seres humanos; reina sobre la enfermedad, la pobreza y la opresión. Es soberano su enemigo espiritual, Satanás (el diablo), quien busca promover su ámbito de oscuridad en el mundo, para contratacar la luz del reino de Dios. Jesús trajo el reino de Dios a la tierra, y llama a los creyentes, como iglesia, a continuar expandiendo su reino en el mundo a través de la autoridad en Cristo y el poder en el Espíritu Santo.

Preguntas de estudio

Parte I: Un reino investido del cielo

1. ¿Qué mensaje proclamó Jesús al comenzar su ministerio? (Mateo 4:17b)

   ____

2. El reino de Dios y el reino de Jesús son uno y el mismo. ¿Qué dijo Jesús acerca de su reino, revelando que su origen no era del ámbito terrenal sino celestial, sobrenatural? Completar lo siguiente:

   (a) Juan 18:36a: "*Mi reino* _______ __________ _________ ____________

   _________________".

(b) Versículo 36b: "*...pero mi reino* ______ ________ _________

____________".

DEFINICIÓN CLAVE: La palabra griega para "*reino*" en el Nuevo Testamento, es *basileía,* que significa "realeza", "gobierno", "un ámbito" (STRONG G932), o "soberanía", "poder real" (NASC, G932). Viene de la raíz *basileús,* que se refiere a la idea de un "fundamento de poder" (STRONG, G935).

3. ¿Qué dijo Jesús que le ha placido al Padre darnos? (Lucas 12:32)

    ____

4. ¿Qué respondió Jesús cuando algunos líderes religiosos le preguntaron cuándo vendría el reino? (Lucas 17:21b)

    ____

El reino de Dios debe venir, primero, dentro de nosotros, para que pueda manifestarse externamente.

REFLEXIONES ACERCA DEL REINO COMO EL ETERNO AHORA

Cuando Jesús predicó acerca del reino, se refirió al mismo en el "aquí y ahora", diciendo que "*ha llegado a vosotros*" (Mateo 12:28), "*está entre ustedes*" (versículo 28 NTV) o "*se ha acercado*" (Mateo 4:17). Él enseñó relativamente poco acerca del reino como un futuro eterno. Más bien expresó el concepto de una realidad presente, donde no hay pasado ni futuro, sólo un eterno ahora. Jesús dijo que el reino se había "*acercado*" porque el cielo estaba en la tierra. No le dijo a la gente que esperara la muerte para disfrutar el reino en el cielo; su mensaje fue que el reino había llegado y podía recibirse ¡ahora! Ser perdonados de nuestros pecados, a través de Cristo, es sólo la entrada al reino de Dios, el cual es infinito, eterno y de poder ilimitado. El reino trae todo lo que el ser humano necesita, como salvación, sanidad, liberación, prosperidad y propósito. Es para experimentarlo hoy, y para ser aplicado a cada circunstancia que estemos atravesando en este momento.

5. Jesús relató diferentes parábolas acerca del reino de Dios. En una de ellas, comparó el reino con un tesoro en un campo. En otra, lo comparó con una perla de gran precio. ¿Cómo respondieron los personajes principales, de estas dos parábolas, hacia lo que habían hallado? (Mateo 13:44b, 46b)

____

____

____

Parte II: Cualidades y carácter del reino de Dios

6. Cuando el apóstol Pablo les llevó el *"evangelio del reino"* (Mateo 24:14) a los tesalonicenses, no lo hizo *"no sólo con palabras"* sino de tres maneras distintas. ¿Cuáles fueron? (1 Tesalonicenses 1:5a NVI)

____

7. ¿Cómo demostraba Jesús el reino cuando enseñaba y predicaba?

(a) Mateo 4:23b: ___________________________________

____

(b) Hechos 2:22a: ___________________________________

____

Cada vez que el reino es predicado, debe haber una demostración visible del poder de Dios para sanar al enfermo, liberar al cautivo y al oprimido, y salvar al perdido.

8. ¿Cuáles son las tres características del reino de Dios? Completar lo siguiente:

Romanos 14:17: *"Porque el reino de Dios no es comida ni bebida, sino ____________, ____________ y ____________ en el Espíritu Santo".*

Parte III: Cómo entrar al reino de Dios

- **Nacer de nuevo**

9. (a) ¿Qué debe suceder para que alguien entre al reino de Dios? (Juan 3:5)

____

(b) "Nacer del Espíritu" es "nacer de Dios". (Ver Juan 1:13). ¿Cuál es nuestro rol en este proceso? (Romanos 10:9)

____

____

(c) Completar lo siguiente:

Juan 1:12: *"Mas a todos los que* ________ ____________ [a Jesús], *a los que* ________ ____ ______ __________, *les dio potestad de ser hechos hijos de Dios".*

No hay entrada al reino de Dios excepto por el nuevo nacimiento.

REFLEXIONES ACERCA DEL PAPEL DEL ESPÍRITU SANTO EN EL REINO DE DIOS

Cuando ponemos nuestra fe en Cristo, Dios nos da el don de su Espíritu Santo, y nos convertimos en portadores de su reino, el cual se revela en nosotros y a través de nosotros por el Espíritu Santo —administrador y ejecutor del reino—. Sin el Espíritu Santo, no hay reino ni gobierno de Dios en la tierra. Él es el único que puede revelar las cosas del reino y de su Rey. (Ver, por ejemplo, 1 Corintios 2:11–12). La justicia, la paz y el gozo son posibles sólo cuando Él opera.

El Espíritu Santo siempre está trabajando en la vida del pueblo de Dios que se rinde a Él. Produce una gran actividad espiritual, manifestando milagros, señales y maravillas. Si fuera quitado de nuestro medio, nos quedaríamos con un reino teórico, teológico e histórico, sin poder e incapaz de producir cambio o transformación en la gente.

- **Arrepentirse de todo corazón**

10. Hay una acción correspondiente que debemos hacer en este proceso de nacer de nuevo y entrar al reino de Dios, la cual proclamaron tanto Juan el Bautista como Jesús. Completar lo siguiente:

    Marcos 1:15b: "________________________, *y creed en el evangelio*".

    Mateo 4:17b: "________________________, *porque el reino de los cielos se ha acercado*".

11. (a) ¿Qué dijo Jesús que era un requisito para entrar al reino de los cielos? (Mateo 18:3)

    ____

    (b) ¿Qué cualidad de los niños recomendó Jesús como aquella que haría a una persona *"mayor en el reino de los cielos"*? (Versículo 4a)

    ____

DEFINICIÓN CLAVE: El arrepentimiento no es una emoción, si bien puede expresarse a través de las emociones. Más bien, cuando reconocemos nuestra verdad, nuestra condición de bancarrota espiritual delante de Dios y la naturaleza rebelde que nos ha alejado de Él, el arrepentimiento es la decisión de hacer un giro de 180 grados y caminar en la dirección opuesta, hacia Él. Arrepentirse incluye una nueva mentalidad que efectúa un cambio de actitud y de vida.

El arrepentimiento es la condición inalterable en la preparación para recibir el reino y para nacer en el reino.

Parte IV: La prioridad del reino

12. (a) ¿Qué nos enseñó Jesús a orarle a Dios Padre, con respecto al reino? (Mateo 6:10)

    ____

    ____

    (b) Para enfatizar el significado del concepto anterior, ¿dónde debemos pedir que venga y se manifieste el reino de Dios? (Versículo 10b)

    ____

El reino de Dios es su voluntad y dominio ejercidos en la tierra como en el cielo.

13. (a) ¿Qué dijo Jesús que debemos buscar primero en nuestra vida? (Mateo 6:33a)

    ____

    (b) ¿Cuál será el resultado si hacemos esto? (Versículo 33b)

    ____

    (c) ¿Qué clase de "*cosas*" indicó Jesús que Dios Padre nos "añadiría", o proveería —cosas que la gente, a menudo, se preocupa por obtener—? (Versículos 31–32)

    ____

14. ¿Qué clase de reino estamos recibiendo de Dios? (Hebreos 12:28a)

    ____

15. (a) ¿Con quién comparó Jesús a la persona que oye sus palabras acerca del reino y las hace? (Mateo 7:24)

____

(b) En este pasaje bíblico, la lluvia, la inundación, los vientos describen las pruebas, tentaciones y adversidades de la vida. ¿Qué le pasó a la casa del hombre que edificó sobre la roca, y qué le sucedió a la casa del que edificó sobre la arena? (Versículos 25b, 27)

____

____

El verdadero Cristianismo es el poder de Dios visiblemente manifestado a través de sus hijos.

Conclusión

El reino de Dios es una realidad que puede ser vivida aquí y ahora. Nosotros, sus hijos, debemos manifestar su voluntad, señorío y dominio sobre la tierra dondequiera que vayamos. El cielo es el patrón o modelo que debemos traer a nuestro medio ambiente. Debemos "arrebatar" lo que está en el cielo y traerlo a la tierra: salud, liberación, paz, gozo, perdón, milagros, sanidad, prosperidad y ¡mucho más! Si dependemos del ámbito de Dios, podemos traer visiblemente todo lo que necesitemos. Cuando el reino es una prioridad en nuestra vida —cuando adoramos a Dios, servimos a los demás, sanamos al enfermo, testificamos de Jesús, liberamos al oprimido, ofrendamos y llevamos el evangelio dondequiera que vamos—, todas nuestras necesidades son suplidas. Recibe la revelación en este estudio bíblico y atrévete a hacer del avance del reino de Dios tu prioridad, en el nombre de Jesús, y verás que los milagros comienzan a suceder. El reino invisible se manifestará en el ámbito visible, trayendo transformación a la vida de la gente.

En mi iglesia y en mis viajes ministeriales, he visto a Jesús sanar a la gente de cáncer, SIDA, Hepatitis, artritis, diabetes, lupus, trastorno bipolar, esquizofrenia y mucho más. Mucha gente ha experimentado milagros creativos, como recibir órganos nuevos donde no los había y la restauración de paladar hendido. En el nombre de Jesús, la gente ha sido liberada de homosexualidad, pornografía, robo, problemas de abandono, brujería y adicciones, tales como al alcohol, medicamentos prescriptos y drogas ilegales.

Yo te animo a tomar la decisión de manifestar el reino dondequiera que vayas. Donde haya tiniebla espiritual, quítala; donde haya enfermedad, echa fuera el espíritu de enfermedad. El reino de poder está dentro de ti. Lo único que tienes que hacer es demostrarlo, ¡aquí y ahora!

Oración de activación

Al reino de Dios se entra por el nacimiento espiritual, y este *"nuevo nacimiento"* (1 Pedro 1:3 NVI) nos da la ciudadanía en él. No podemos entrar al reino siendo religiosos, perteneciendo a una denominación, ministerio o secta, afiliados a una filosofía en particular, sabiendo la teología de la salvación a través de la cruz, o por cualquier otro medio. La Biblia dice: *"Todos pecaron y están destituidos de la gloria de Dios"* (Romanos 3:23). Debido a la maldición del pecado, debe ocurrir una separación total; el cordón umbilical de la iniquidad que nos conecta con la naturaleza de pecado y rebeldía debe ser cortado. El reino no es un simple "remedio". Implica convertirse en una nueva criatura. (Ver 2 Corintios 5:17).

Dios quiere que su reino se manifieste en ti. Él quiere que su ámbito se extienda a otros a través de ti, llevando justicia, paz y gozo en el Espíritu Santo. Si tú deseas reconciliarte con Dios y estás dispuesto a someterte a su gobierno (ver Isaías 1:18–19), haz la siguiente oración de arrepentimiento y recibe el perdón, para que puedas entrar al reino de Dios en toda su plenitud:

> Padre celestial, yo reconozco que soy un pecador y me arrepiento de mi modo de vivir, que es contrario a ti y a tu reino. Les doy la espalda a todos mis pecados y rebelión, y deseo seguirte de todo corazón. Con mi boca, yo confieso que Jesús es el Hijo de Dios, y creo en mi corazón que tú, Padre, lo levantaste de los muertos. En el nombre de Jesús, soy "nacido de Dios". Que tu reino se manifieste en mi vida. Úsame para expandir tu reino dondequiera que vaya. ¡Amén!

Pasos para la acción

- Pídele a Dios, diariamente, que te dé revelación de su reino, con su poder y características, para que puedas demostrarlo al mundo.
- El arrepentimiento es parte esencial de la entrada y participación en la vida del reino de Dios. Incluso si ya has recibido a Cristo, toma un momento ahora para examinar tu vida y arrepiéntete de todo corazón delante de Dios. Comienza a pensar de qué manera has vivido, independientemente de Él, complaciendo tu naturaleza de pecado y viviendo a tu antojo; dándole prioridad a tus propios deseos y estándares de satisfacción y ganancia personales. El poder del reino está disponible para aquellos que se han arrepentido completamente y han renunciado a su rebelión contra Dios. Entonces, y sólo entonces, puedes reclamar sus promesas de salvación, sanidad, liberación, justicia, paz, gozo y prosperidad. Busca constantemente renovar tus pensamientos y caminos de acuerdo con los pensamientos y caminos de Dios, y somete tu vida cada día a Él, para que puedas seguir caminando en la dirección correcta. Para que nuestro

arrepentimiento sea genuino, debemos ponernos, de hoy en adelante, bajo la autoridad y el gobierno de Dios, permitiendo que Él tenga total dominio en nuestra vida. Cuando vivimos para agradar al Rey, no hacemos nada sin su consentimiento, autoridad y guía. Éste es el verdadero arrepentimiento.

- Lee Mateo 10:7–8 ¡y comienza a demostrar el reino de Dios! A través de todo el Nuevo Testamento, leemos que el reino de Dios es traído a la tierra. Tú eres un portador de ese reino, capaz de manifestar visiblemente su poder, aquí y ahora. Cuando te encuentres con gente enferma o que necesite liberación, recuerda que la enfermedad y la opresión no existen en el cielo. Por lo tanto, "jala" el reino de los cielos a la tierra, con su salud y libertad en Cristo, para que el poder de Dios se manifieste y la gente sea sanada y liberada en el nombre de Jesús.

ENCUENTROS CON EL REINO DE DIOS

El milagro creativo de un ojo nuevo

El Apóstol Maldonado estaba ministrando en una reunión en Dallas, donde sucedieron muchos milagros y sanidades bajo la unción de Dios. El Pastor Damion, de Phoenix, Arizona, estaba entre los asistentes. Él está bajo la cobertura de una iglesia asociada con el Ministerio El Rey Jesús, y testificó acerca de un milagro relacionado con una mujer de su congregación. El padrastro de esta mujer vive en Detroit y trabajaba en una compañía eléctrica. Lo habían golpeado con una tubería de metal porque se había rehusado a hacer algo ilegal en su trabajo. Como resultado, le habían tenido que extraer el ojo derecho; y le habían cerrado el área del ojo con sutura. El Pastor Damion recibió un llamado telefónico de aquella mujer pidiéndole que, por favor, orara por su padrastro.

Este pastor había estado enseñándole a su congregación algunos de los principios contenidos en el libro del Apóstol Maldonado *Cómo caminar en el poder sobrenatural de Dios*. Un domingo, Dios lo llevó a proyectar la grabación de uno de los servicios del Ministerio El Rey Jesús, que había descargado de la página web del mismo. Él recordó que el Apóstol Maldonado había mencionado algo acerca de proyectar esas grabaciones durante los servicios, porque el espíritu de sanidad y liberación permanecerían en la atmósfera, trayendo más sanidades y liberaciones para aquellos que tuvieran la fe para recibirlos. Después de un poderoso tiempo de adoración, el Pastor Damion proyectó la grabación en fe, con la expectativa de que algo sucedería. Hacia el final de la grabación, el Apóstol Maldonado oró, y durante esta parte del servicio, la mujer sintió que Dios la impulsaba a colocarse la mano sobre su ojo derecho, como un acto profético para acelerar la sanidad de su padrastro en Detroit. Ella creyó que algo sucedería y el resto de la iglesia creyó con ella.

Treinta minutos después de que terminara el servicio de la iglesia, el Pastor Damion recibió un llamado de aquella mujer, que gritaba en el teléfono. Él pensó que algo malo había pasado, hasta que ella dijo: "¡El ojo está de vuelta!" Esto fue lo que sucedió: Aquella mañana, su padrastro estaba todavía en el hospital, y mientras el doctor revisaba la sutura, notó que algo se movía debajo del párpado suturado. El médico dijo que eso no podía ser, así que la abrió, ¡y allí estaba el ojo! Este hombre podía ver formas y sombras, como un bebé recién nacido ve antes de que su visión se desarrolle por completo. Más tarde, ya podía ver perfectamente. Dios había creado un ojo nuevo donde el otro había sido extraído debido al severo daño que había sufrido.

El padrastro no era creyente, pero después de este poderoso milagro, fue salvo y ahora está en fuego por Dios. Es más, la hijastra pudo quedar embarazada, después de que los médicos le habían dicho que no podría tener hijos. Además, la otra hija del hombre, que vive en Detroit, fue sana de la enfermedad de Crohn. ¡Esto es lo que trae el reino de Dios cuando es demostrado en la tierra!

Estudio 2

El mandato original del dominio

"Fructificad y multiplicaos; llenad la tierra, y sojuzgadla, y señoread en los peces del mar, en las aves de los cielos, y en todas las bestias que se mueven sobre la tierra".
—Génesis 1:28

Introducción

El plan de Dios de expandir su reino a través de la tierra por medio del ser humano no comenzó con nuestra redención en Jesús. Es un propósito eterno y su plan ha estado en efecto desde antes del principio del tiempo. Después de crear el mundo físico y los animales, Dios hizo al hombre y a la mujer como corona de su creación y los puso a cargo de manifestar su gloria en este planeta, como sus representantes y embajadores.

La voluntad de Dios fue que el cielo se duplicara en la tierra. Él invistió a los seres humanos con su poder y autoridad para que tuvieran dominio en tres áreas primarias al extender su reino en el mundo: (1) gobierno sobre la creación, (2) poder para realizar todas las obras que Dios los llamó a hacer, y (3) autoridad sobre Satanás, los demonios y cualquier otro espíritu malo. Los seres humanos estaban para dominar la naturaleza, el espacio, el tiempo y la materia. Estaban para ser reyes sobre la creación.

Preguntas de estudio

Parte 1: Creados para tener dominio

1. ¿Cómo creó Dios al hombre (masculino y femenino)? (Génesis 1:26a, 27a)

   ____

DEFINICIONES CLAVE: La palabra "*imagen*" en Génesis 1:26 se traduce de la palabra hebrea *tsélem*, que puede significar "similitud" o "figura representativa" (STRONG, H6754); también tiene "el sentido de naturaleza esencial" (VINE, H6754). La palabra "*semejanza*" viene del vocablo hebreo *demút*, que puede significar "parecido", "similitud" (STRONG, H1823), "forma, figura, patrón". Esta palabra significa "el original sobre el que se basa un patrón" (VINE H1823). La versión *The Living Bible* captura mejor el sentido de Génesis 1:27: "Como Dios hizo Dios al hombre". Dado que fuimos creados de la esencia de Dios, tenemos sus "genes". No somos "dioses", no somos divinos; pero tenemos la naturaleza y características de Dios. Él nos creó en su linaje.

La intención de crear la raza humana es que ésta haga la tierra como es el cielo.

---

2. (a) Dios es un Ser invisible, eterno, con capacidades y atributos sobrenaturales infinitamente superiores al mundo natural. ¿Qué es Dios en su esencia? (Juan 4:24a)

   ____

   (b) ¿Qué parte esencial de nosotros, como seres humanos, retornará a Dios después de que muramos —a diferencia de nuestro cuerpo, el cual volverá a la tierra como *"polvo"—?* (Eclesiastés 12:7b)

   ____

3. ¿Cuáles fueron las primeras instrucciones de Dios a Adán y Eva luego de que los bendijo? Completar lo siguiente:

   Génesis 1:28a: "Y los bendijo Dios y les dijo, ____________________ y ________________________; ______________ _______ ______________...".

El principio prevaleciente del reino de Dios es la expansión permanente.

---

4. ¿Qué preparó Dios *"de antemano"* para que nosotros hagamos como nuevas criaturas en Cristo que nos llevaría a ser "fructíferos" en la tierra? (Efesios 2:10a)

   ____

5. ¿Cuáles son los otros dos elementos del mandato de Dios para la humanidad? Completar lo siguiente:

   Génesis 1:28b: "*...llenad la tierra y* ____________________; ______

   ____________________*... en todas las bestias que se mueven sobre la tierra*".

<u>DEFINICIONES CLAVE</u>: En Génesis 1:28, la palabra "*sojuzgadla*" es traducida del hebreo *kabásh*, que significa literalmente "aplastar" y expresa ideas tales como "conquistar", "subyugar", "atar", "forzar", "tener bajo" y "llevar a sujeción" (STRONG H3533). *Sojuzgadla* es un término relacionado, a menudo, con el poder militar que indica la fuerza para vencer o controlar. La palabra "*señoread*" se traduce del hebreo *radá*, y esta palabra también significa "aplastar". Tiene connotaciones tales como "subyugar", "llegar a tener dominio", "prevalecer contra", "reinar", "cargar gobierno", "gobernar" (STRONG, H7287), y "dominar" (NASC, H7287a). Muchos de estos sentidos implican obligar a alguien a hacer algo por la fuerza, poner debajo del pie o esclavizar. Estas palabras se refieren, en gran parte, a la subyugación de Satanás y sus obras.

El dominio es el poder espiritual más alto dado al hombre, porque es un poder territorial.

---

6. ¿En qué "territorio" de la tierra puso Dios al ser humano, por primera vez, para que pudiera "labrarlo" y "guardarlo"? (Génesis 2:15)

   ____

Parte II: Entender el dominio

Ejercer dominio involucra tanto liderar como gobernar. Lideramos cuando la gente nos sigue por voluntad propia y nos da el permiso para guiarla. Gobernamos cuando la gente no nos quiere seguir, aunque sepa que estamos llevando a cabo la voluntad de Dios. Cuando gobernamos, tenemos que tomar decisiones que van contra los sentimientos y deseos de la gente, para poder obedecer a Dios.

7. (a) Jesús demostró el patrón del liderazgo del reino en Juan 13:3–17. ¿Qué dijo Él que debíamos hacer unos por otros (simbólicamente y a veces, literalmente), enfatizando la importancia del liderazgo de siervos? (Juan 13:14b)

   ____

(b) En Mateo 20:25–28, Jesús contrastó la perspectiva del reino acerca de la grandeza con la perspectiva del mundo. ¿Cómo trataban los gobernantes gentiles, que eran "grandes" de acuerdo a los estándares del mundo, a quienes estaban debajo de ellos? (Mateo 20:25)

____

(c) ¿Qué dijo Jesús acerca de la verdadera grandeza y de qué significa ser "*primero*" entre la gente? (Versículos 26b–27)

____

____

____

Lideramos por medio de la paternidad espiritual, las relaciones, el servicio y el ejemplo cuando la gente nos sigue voluntariamente.

8. (a) No podemos ejercer "liderazgo" sobre nuestro enemigo espiritual, el diablo, ya que él nunca cambiará sus malos caminos. Sobre él debemos gobernar. ¿Cuál es una de las maneras en que vamos a hacerlo? Completar lo siguiente:

   Santiago 4:7: "*Someteos, pues, a Dios;* ________________ ________

   ________________*...*".

   (b) ¿Cómo reaccionará Satanás a esto? (Versículo 7b)

   ____

REFLEXIONES ACERCA DEL DOMINIO

El hombre y la mujer fueron creados para *tener dominio sobre* su medio ambiente; no fueron diseñados para *ser dominados,* controlados y reprimidos. Dios no nos hizo para vivir así, y eso no tiene parte en nuestro mandato de dominio. Jesús vino a la tierra a restaurar al ser humano al dominio para que éste pueda gobernar sobre las enfermedades, las circunstancias adversas y sobre Satanás y sus demonios; para que así, tuviera poder sobre la adicción al alcohol, el abuso de drogas, los malos pensamientos y cualquier cosa que lo aleje de la voluntad de Dios. Es más, el dominio no le fue dado para que sojuzgue a otros seres humanos, sólo al enemigo. Si Dios nos da autoridad sobre la vida de otra gente, es sólo para gobernarla, guiarla y dirigirla, nunca para ponerla bajo sujeción. Gobernar requiere una gran sabiduría y dominio propio. Estamos para servir a la gente y llevarla a las bendiciones que Dios derrama sobre los obedientes.

---

9. (a) Menciona uno de los medios por los cuales Jesús ejerció gobierno durante su ministerio terrenal. (Marcos 11:15–16)

   ____

   ____

   ____

   ____

   (b) ¿En la siguiente enseñanza de Jesús, ¿qué dijo Él para explicar sus acciones? (Versículo 17)

   ____

   ____

   ____

10. El apóstol Pablo lidió con una situación de inmoralidad sexual en la iglesia de los corintios, en la cual un hombre estaba durmiendo con la esposa de su padre, abiertamente y sin arrepentirse. La iglesia miraba para el otro lado en lugar de tratar el asunto. La instrucción de Pablo fue sacar a este hombre de la congregación esperando que se viera forzado a entrar en razón y se arrepintiera, y así se salvara del juicio de Dios. (Ver 1 Corintios 5:1–5). Los corintios siguieron el consejo de Pablo y la disciplina funcionó. Sin embargo, los corintios se volvieron tan celosos en

su gobierno que continuaron evitando a este hombre aun después de que se había arrepentido. ¿Qué les dijo Pablo que hicieran en ese punto? (2 Corintios 2:7–8)

____

____

____

Gobernamos con autoridad sobre aquellos que están bajo nuestro cuidado pero se rehúsan a seguirnos, por voluntad propia, como representantes de Dios.

---

11. ¿Qué razón le dio Pablo a Tito para que reprendiera a aquellos, en la iglesia, que eran rebeldes y charlatanes, que engañaban a la gente con respecto a la verdad del evangelio? (Tito 1:13b)

____

12. ¿Por qué Dios nos escarmienta o disciplina? (Hebreos 12:10b)

____

Conclusión

El ser humano fue diseñado para "tener dominio" o gobernar. Fue creado como representante legal de Dios para aplicar o hacer cumplir las leyes de su reino en la tierra. Después de crear a Adán y Eva, Dios los puso en el huerto de Edén, que era el ambiente de su presencia. El huerto de Edén era la base de operaciones, o el punto de partida. Desde el huerto hacia delante ellos debían expandir el gobierno de Dios a lo largo y ancho de la tierra, llevando su gloria con ellos. El mandato divino para la humanidad comenzó con *"fructificad y multiplicaos; llenad la tierra..."*. Aquí vemos los conceptos tanto de nuestro llamado a expandir y nuestra representación de la imagen de Dios. El principio de la multiplicación es eterno. El ser humano fue pensado para continuar llenando la tierra con el reino de Dios a través de las generaciones nacidas de Adán y Eva, y de sus hijos. El reino de Dios es un reino ilimitado. Es un ámbito que está siempre en expansión. Siempre ha existido, existe ahora y seguirá existiendo a través de la eternidad, mientras se expande de maneras que ahora no podemos saber o imaginar.

Con el fin de capacitar al ser humano para cumplir su papel en el reino, Dios le dio un deseo incorporado y una capacidad para liderar y gobernar. Él lo diseñó con la habilidad de pensar, de enfrentar desafíos y de ser creativo; y le dio el deseo de ejercer poder. Ésta es la razón por la que cada ser humano tiene el instinto y la necesidad de ejercer poder de algún modo.

Sin embargo, ninguna persona por sí sola podría "llenar la tierra y sojuzgarla". (Ver Génesis 1:28). El mandato del dominio es, por lo tanto, un mandato colectivo. *Juntos*, los seres humanos debían llenar la tierra y sojuzgarla, cada uno realizando el propósito único para el cual haya sido creado, trabajando en unidad para cumplir los propósitos de Dios. De modo similar, a través de nuestra redención en Cristo, Dios nos ha asignado a cada uno una porción de "territorio" o "poder territorial" donde podemos ejercer la medida de nuestro dominio en la tierra. Este dominio está basado en la fe, la unción y los dones que Él nos ha dado para bendecirnos y para hacer avanzar su reino.

Oración de activación

Padre, tu Palabra dice en Efesios 2:10, *"Porque somos hechura suya, creados en Cristo Jesús para buenas obras, las cuales Dios preparó de antemano para que anduviésemos en ellas"*. Yo te pido que me actives en las obras de dominio que has preparado para mí, de modo que expanda tu reino en mi "territorio" o esfera de influencia en la tierra. Déjame ejercer el liderazgo con gracia y aplicar el gobierno con discernimiento. En el nombre de Jesús, amén.

Pasos para la acción

- ¿Cuáles son las buenas obras que Dios ha puesto en tu corazón para hacer? Escríbelas abajo y ponte en acción cada día hacia el cumplimiento de las mismas.
- ¿A quién habrá puesto Dios en tu vida para que reciba el beneficio de tu liderazgo de siervo? Determina cómo vas a cumplir tu papel usando el patrón de servicio que Jesús proveyó.
- ¿A quién ha puesto Dios en tu vida que necesita "gobierno" firme pero en amor? Determina cómo responderás a este desafío, manteniendo en mente que la meta suprema es ayudar a la gente a establecerse en su fe y parecerse más a Dios.

ENCUENTROS CON EL REINO DE DIOS

Crecimiento sobrenatural de una iglesia y milagros

Paulo DaSilva es uno de los hijos espirituales del Apóstol Maldonado. Si bien Paulo fue criado en un hogar cristiano, en Brasil, a los 16 años se había extraviado del camino. Pasó dos años envuelto en drogas, mentiras y violencia, hasta que tuvo una experiencia personal con Dios y volvió a la iglesia. Estudió teología, se convirtió en pastor y trabajó duramente para ganar almas, por lo que su congregación creció a 450 miembros. Pero el estancamiento llegó y su iglesia paró de crecer. En lugar de tener gozo y energía, se sentía triste y cansado.

Entonces, descubrió el poder sobrenatural del reino de Dios, y cuando comenzó a demostrarlo, Dios desató el crecimiento en su iglesia. Ahora, tiene más de 1.300 miembros activos y bautiza a cientos de nuevos creyentes, cada mes. Su ministerio también ha establecido seis nuevas iglesias en Brasil, en menos de dos años. Los milagros que está viendo son maravillosos. Dios está sanando a la gente de cáncer, SIDA y otras diferentes enfermedades. Los matrimonios están siendo restaurados, la gente liberada de adicciones y experimentando prosperidad financiera. La juventud de la iglesia, ahora, está en fuego por Dios, ministrando lo sobrenatural dondequiera que va. Y el liderazgo de la iglesia está siendo transformado a medida que la gente aprende a caminar en el poder del reino. ¡Tú puedes hacer lo mismo!

Estudio 3

EL DOMINIO CEDIDO Y RECUPERADO

"Para esto apareció el Hijo de Dios, para deshacer las obras del diablo".
—1 Juan 3:8

Introducción

Para entender por qué Dios les dio a Adán y Eva poder de dominio sobre Satanás al principio de la creación, y por qué ellos cayeron de ese dominio, debemos mirar el trasfondo de Satanás y sus motivaciones. Él había sido creado por Dios como un ángel llamado Lucifer o "luz". Sin embargo, se rebeló contra Dios y fue expulsado del cielo, junto a una tercera parte de los ángeles, que se le había unido. Algunos teólogos y eruditos de la Biblia han llegado a la conclusión de que la rebelión de Satanás y su expulsión del cielo sucedió entre los dos primeros versículos de Génesis 1, entre *"En el principio creó Dios los cielos y la tierra"* (versículo 1) y *"Y la tierra estaba desordenada y vacía, y las tinieblas estaban sobre la faz del abismo"* (versículo 2). Éste es el punto de vista desde el cual examinaremos el mandato de dominio de la humanidad.

Satanás ya había sido expulsado del cielo cuando Adán y Eva fueron creados, y su reino de tinieblas y destrucción estaba en operación. El diablo había tomado el territorio de la tierra y Dios le había permitido hacerlo, según sus propósitos divinos. Es esencial reconocer que Satanás nunca es más fuerte que Dios. Él es un ser creado y fue arrojado del cielo luego de rebelarse. Dios siempre tiene el control total sobre todo lo que crea.

Génesis 1:2 dice que *"las tinieblas estaban sobre la faz del abismo"*, lo cual significa que la tierra estaba en caos y tinieblas porque Satanás la había tomado. La presencia de su reino siempre trae como resultado tal desorden y destrucción. Pero Génesis 1:2 también dice que *"el Espíritu de Dios se movía sobre la faz de las aguas"*. Incluso en medio de la oscuridad, el poder de Dios para crear estaba presente, porque el territorio de la tierra no le pertenecía a Satanás. Él era un usurpador. Bajo la influencia del Espíritu de Dios, la tierra recibió luz, orden y vida. Dios hizo a la raza humana y le dio dominio, no sólo sobre el mundo natural y todo lo que en éste hay, sino también sobre el enemigo, que aún estaba presente en la tierra. El hombre y la mujer debían sojuzgarlo a él y a su reino, para ponerlo bajo control por la fuerza espiritual.

Pero el diablo quería cubrir la tierra con tinieblas una vez más. Para hacerlo, tenía que recuperar su gobierno, quitándole el territorio al hombre, ya que Dios le había dado al hombre la autoridad sobre el mismo. El plan de Satanás era hacer caer a los seres humanos de la gloria de Dios por medio de la rebelión y la desobediencia —la misma manera como él había caído—. Por lo tanto, "merodeaba" la tierra, buscando devorar la creación suprema de Dios. (Ver 1 Pedro 5:8 NVI). Tras una trágica decisión, Adán y Eva escogieron no usar su autoridad sobre el enemigo, y éste es el origen del sinnúmero de problemas de la raza humana. Pero Dios, en su soberanía, cumpliría sus propósitos aun en medio del plan de destrucción de Satanás.

Preguntas de estudio

Parte 1: Cómo cayó del dominio la raza humana

1. (a) Entre los otros árboles del huerto de Edén, ¿cuáles eran los dos árboles especiales que Dios había plantado allí? (Génesis 2:9b)

   ____

   (b) ¿Qué mandato le dio Dios a Adán (y a través de él a Eva) acerca de los árboles del huerto? (Génesis 2:16–17)

   ____

   ____

   ____

2. ¿Qué insinuó falsamente Satanás, en forma de serpiente, que había dicho Dios? (Génesis 3:1b NVI)

   ____

3. (a) ¿Cuál fue la mentira que Satanás le dijo a Eva acerca de comer del árbol de la ciencia del bien y del mal? (Génesis 3:4)

   ____

(b) ¿Qué dijo Satanás que le sucedería a Eva si comía del fruto? (Génesis 5b)

____

____

4. (a) ¿Cómo respondieron, Adán y Eva, a la sugerencia de la serpiente? (Génesis 3:6b)

____

(b) ¿Por qué a Adán se le cargó mayor responsabilidad que a Eva por sucumbir a la tentación de Satanás y pecar contra Dios? Completar lo siguiente:

1 Timoteo 2:14: *"Adán no ________ ____________________, sino que la mujer, ________________ ____________________, incurrió en transgresión".*

5. (a) ¿Cuáles fueron algunas de las consecuencias, para la tierra y para Adán (y todos los seres humanos por venir), de su pecado a sabiendas de Adán? (Génesis 3:17b–19)

____

____

____

____

(b) ¿Cuál es la *"paga del pecado"*? (Romanos 6:23a)

____

La desobediencia de una persona es la autorización legal dado al diablo para atacarla.

REFLEXIONES ACERCA DEL DOMINIO RENDIDO

Cuando Adán desobedeció a Dios, Satanás se instaló como gobernante legítimo de la tierra; legítimo no porque Dios le diera esta autoridad sino porque Adán había pecado y, de esta manera, le había rendido su autoridad al reino de las tinieblas. Por consecuencia, los seres humanos perdieron su dominio y su vida en la presencia de Dios. Aún más, perdieron el territorio que Dios les había dado y pasaron a estar atados por Satanás. Básicamente, Adán le dio a Satanás las llaves de su vida, y así fue como Satanás tomó el gobierno de la tierra.

---

6. ¿Cómo debería haber respondido Adán a la tentación de Satanás, según lo que Jesús respondió a la tentación que Satanás le puso a través de Pedro? (Mateo 16:23)

____

____

Parte II: Las cuatro etapas de la caída de Adán

- **Etapa 1: Adán estaba consciente de su coexistencia con el mal**

7. ¿Qué árbol en el huerto de Edén indicaba la existencia del mal? (Génesis 2:9)

____

Coexistir con el mal no es lo mismo que tolerarlo.

- **Etapa 2: Adán comenzó a tolerar el mal**

8. (a) Recuerda de qué manera habían sido creados Adán y Eva. (Génesis 1:26–27a)

____

(b) ¿Qué idea de Satanás entretuvieron Adán y Eva que los llevó a la perdición? (Génesis 3:5)

____

____

9. En un ejemplo comparable de negligencia espiritual del Nuevo Testamento, ¿por qué razón Jesús amonesta a la iglesia de Tiatira? (Apocalipsis 2:20 NVI)

____

____

____

El mal que toleras será el mal que te destruya.

- **Etapa 3: Adán perdió el temor o reverencia a Dios**

10. (a) Cuando una persona tiene el temor de Dios, ¿qué va a odiar? (Proverbios 8:13a)

____

(b) ¿Cuáles son algunos de los ejemplos de cosas detestables? (Versículo 13b)

____

DEFINICIÓN CLAVE: El "temor de Dios" es reverenciarlo, honrarlo y respetarlo. Significa estar sobrecogido delante de Él. Por tanto, nos guarda de ceder al mal. Cuando Adán se hizo indiferente a los peligros del mal, en seguida entró en relación con éste. Si perdemos nuestra reverencia a Dios, el mal no será restringido. La Palabra nos dice que si tenemos temor de Dios, vamos a odiar el mal, no permitiremos que nos influencie.

Perder el temor de Dios lleva a la pérdida de la sensibilidad al mal; ya no vemos sus peligros y consecuencias, y así comprometemos la verdad.

- **Etapa 4: Finalmente, Adán pecó**

11. (a) ¿Qué nos lleva a ceder a la tentación? (Santiago 1:14b)

____

(b) Cuando un deseo malo es concebido, ¿qué da a luz? (Versículo 15a)

____

(c) Cuando el pecado es consumado, ¿qué trae? (Versículo 15b)

____

REFLEXIONES DEL DESCENSO DE ADÁN AL PECADO

Adán pasó de coexistir con el pecado a tolerarlo, a perder el temor de Dios, a caer de la gloria de Dios, a la maldición del pecado. Hoy, el mismo triste descenso y consecuente rendición a la tentación sucede en la vida de millones de seres humanos. La estrategia del engañador es desgastarnos mental, emocional y físicamente hasta que, al final, nos rendimos y caemos. Satanás y sus demonios nos observan y conocen nuestras debilidades. Ellos esperan el momento oportuno para tentarnos en nuestra área más débil, a menudo por engaño, hasta que bajamos la guardia y nos sometemos. Satanás discutió los mandatos de Dios con Adán y Eva de tal manera que se confundieran y su resistencia espiritual se debilitara. El diablo no cesará de tratar hasta que te vea caer o reconocer que tú tienes la capacidad de resistirlo; así que no discutas con él ni entretengas sus sugerencias impías. ¡Debes reprenderlo —echarlo fuera— de inmediato! No importa qué tan lógicos o buenos puedan parecer esos pensamientos o argumentos impíos al tratar de razonarlos, recuerda que la meta de Satanás siempre es destruirte.

Parte III: El resultado catastrófico del pecado de Adán

12. (a) ¿Qué palabras usaron Jesús y el apóstol Pablo para Satanás, que refleja su papel de usurpador del dominio terrenal de Adán? (Juan 12:31b; 2 Corintios 4:4a)

____

(b) Enumera las cualidades y motivaciones de Satanás. (Juan 8:44b; Apocalipsis 20:10a; Juan 10:10a)

____

____

13. (a) Después de que Adán y Eva pecaron, la naturaleza humana fue alterada; se hizo "carnal" en lugar de estar alineada con el Espíritu de Dios. ¿Cómo se describe la "mente carnal"? (Romanos 8:7a)

____

(b) ¿A qué no se somete la mente carnal? Completar lo siguiente:

Romanos 8:7b: "...*porque no se sujetan* ______ ______ ______ ______

____________, *ni tampoco pueden.*"

(c) ¿Qué afirmación hizo Pablo acerca de la universalidad del estado caído de la humanidad? (Romanos 3:23)

____

(d) Enumera algunas de las "obras" de la naturaleza caída de la humanidad. (Gálatas 5:19–21a)

____

____

____

____

(e) ¿Qué no heredarán aquellos que practican las obras de la naturaleza caída? (Versículo 21b)

____

El plan del diablo era contener a Adán y Eva en pecado, evitando que expandieran la gloria de Dios a toda la tierra.

Parte IV: Jesús restauró a la humanidad al dominio

Por decreto de Dios, el dominio sobre la tierra había sido otorgado a los seres humanos. Por eso Satanás tuvo que vencer a Adán, un hombre, para poder gobernar el mundo. Ésta también es la razón por la que Jesús tenía que venir a la tierra como Hombre, para destruir las obras del diablo y vencerlo para siempre. Jesús derrotó a Satanás para demostrar que sí es posible, para un ser humano, vencer la tentación a través del poder del Espíritu Santo. Por medio del Espíritu, Jesús conquistó lo que Adán había perdido.

14. ¿Con qué propósito vino Jesús, el Hijo de Dios, a la tierra como un Hombre? (1 Juan 3:8b)

___

15. (a) ¿Qué método usó Jesús, consistentemente, para resistir las tentaciones del diablo, en contraste con la respuesta de Adán, —que fue tolerar y luego ceder a la tentación—? (Lucas 4:4, 8, 12)

___

(b) ¿Cómo reaccionó el diablo cuando Jesús sostuvo su autoridad sobre él en cada tentación? (Versículo 13)

___

(c) Después de su victoria sobre la tentación de Satanás, en el desierto, ¿cómo volvió Jesús para comenzar su misión de proclamar el evangelio del reino? (Versículo 14a)

___

16. (a) Luego de la resurrección de Jesús, ¿qué dijo, que mostraba que le había ganado el dominio de la tierra a Satanás? (Mateo 28:18b)

___

(b) ¿Qué dijo Jesús para explicar la autoridad que le otorgaría a los creyentes? (Mateo 16:19)

___

___

___

(c) ¿Qué vino a investirnos Jesús a la tierra? (Juan 10:10b)

____

El gobierno en el ámbito espiritual comienza con el gobierno de nuestro propio espíritu.

Conclusión

Gracias a la pérdida del dominio de la humanidad y a la ruptura de la relación con Dios, la vida de la gente está dominada por muchas cosas dañinas, como drogas, malos hábitos, codicia por el dinero, un deseo enfermizo por la fama y el tormento de los demonios. Los seres humanos están mayormente dominados por sus propios deseos carnales. Pasaron de ser gobernadores de Dios en la tierra a ser gobernados, manipulados y controlados por el enemigo de sus almas. Pero desde la resurrección de Jesús, Satanás ha estado funcionando como un gobernante ilegal en la tierra. Más que eso, su poder ha sido vencido. Ya no tiene autoridad sobre nosotros, a menos que, como Adán, se la cedamos. En cada tentación y circunstancia que enfrentamos, tenemos la opción de vencer al enemigo o ceder ante él. Cuando cedemos, le damos lugar en nuestra vida.

Lo que Jesús logró por nosotros es poderoso: nos capacita para derrotar a Satanás en medio de nuestras circunstancias difíciles en un mundo caído. Si conocemos nuestra identidad en Cristo y estamos dispuestos a echar fuera a Satanás de nuestro "Edén", el enemigo no nos podrá vencer. No debemos tolerar la enfermedad, la tristeza, la depresión, pobreza, miedo o cualquier otra obra del diablo. ¡Vivamos en la realidad de que nuestro dominio ha sido recuperado y de que el reino de Dios seguirá creciendo por toda la eternidad!

Oración de activación

Padre celestial, desata sobre nosotros el espíritu de dominio que Jesús recuperó para la humanidad, para bendecirnos y darnos el poder de propagar tu reino a través del mundo, haciendo retroceder el reino de las tinieblas. Te pedimos de todo corazón que tu reino comience a reinar en nuestras vidas, ahora mismo. Que gobierne sobre todo el "territorio" de dominio que tú nos has dado, comenzando por nuestros propios espíritu, alma y cuerpo. ¡Amén!

Pasos para la acción

- Si has permitido que el diablo invada tu "Edén", hazte algunas duras preguntas: "¿Cómo fue que el enemigo halló lugar en mi vida de hogar, tus finanzas o tu negocio? ¿He dejado de ofrendar y de honrar a Dios con mi dinero?". "¿Cómo afligió Satanás mi cuerpo con enfermedad o dolencias? ¿He tolerado una enfermedad o maltratado mi cuerpo para que se enferme?". "¿Cómo invadió Satanás mi iglesia, ciudad o nación? ¿Cómo le ha dado, mi comunidad a Satanás, el derecho legal de afligirnos?". Busca a Dios con integridad y humildad y Él te dará las respuestas. Entonces, arrepiéntete y deja que la sangre de Jesús te limpie. (Ver 1 Juan 1:7–9). ¡Recupera tu Edén y los derechos de dominio que el enemigo te ha robado!
- ¿Qué pecados y elementos malos estás tolerando en tu vida: malos pensamientos, actitudes, acciones y hábitos, gente perjudicial para tu salud espiritual y emocional, y demás? Date cuenta de que, a través de esto, le estás dando al enemigo el derecho de deteriorar tu amistad con Dios y debilitar tu dominio, ya sea dominio sobre tu carácter, tus actitudes o tu comportamiento. Toma de vuelta tu gobierno dado por Dios sobre las adicciones al alcohol, las drogas ilegales o las pastillas bajo receta médica; toma autoridad sobre la enfermedad, el sexo ilícito, el miedo, depresión, ira, amargura, falta de perdón, espíritu de suicidio, contención o chisme. Ahora mismo, renuncia y gobierna sobre estas cosas en el poder de Cristo. Dios te ha dado dominio sobre todas las obras de Satanás y sobre la naturaleza de pecado.

ENCUENTROS CON EL REINO DE DIOS

Sanidad milagrosa de cáncer

No hace mucho, el Apóstol Maldonado viajó con su equipo ministerial a llevar el poder sobrenatural de Dios a la ciudad de East London, Sudáfrica. Cientos de personas se reunieron en una de las iglesias allí. Durante una de las reuniones, sentada entre la audiencia, se hallaba Penélope Quluba, una mujer que había sido diagnosticada con cáncer de colon, tres años atrás. También le habían dicho que, con el tiempo, quedaría paralítica y su hígado dejaría de funcionar. La única opción era someterla a radiación y quimioterapia, y dejar que el cáncer siguiera su curso. Además, tuvo que pasar por una cirugía para que le colocaran una bolsa de colostomía. Como resultado, estaba siempre muy consciente de que no sólo estaba enferma sino que portaba un olor desagradable.

Después de su diagnóstico, Penélope declaraba regularmente la sanidad sobre sí misma, estableciendo la Palabra de Dios y diciéndole a su cuerpo que era el templo del

Espíritu Santo y que no había sido creado con un cáncer agresivo o una bolsa de colostomía. Cuando llegó el tiempo de la reunión en East London, tenía cita para otra cirugía porque ya había terminado el tratamiento de quimioterapia, y los médicos necesitaban revisar el estado de su colon. El Apóstol Maldonado hizo un llamado para aquellos que tuvieran cáncer o VIH. Penélope pasó al altar, donde el apóstol impuso sus manos sobre ella y la declaró sana en el nombre de Jesús. Dos semanas más tarde, cuando fue al hospital, por primera vez después del evento del ministerio, los médicos quedaron perplejos al no encontrar ¡ningún rastro del cáncer! Le retiraron la bolsa de colostomía y volvieron todo a la normalidad. Penélope ahora está libre de cáncer y llena de vitalidad, por la gracia de Dios.

Estudio 4

La resurrección de Jesús estableció su reino y dominio sobre el reino de las tinieblas

"Dios también le exaltó hasta lo sumo, y le dio un nombre que es sobre todo nombre, para que en el nombre de Jesús se doble toda rodilla…."
—Filipenses 2:9–10

Introducción

Después de que Jesús muriera en la cruz por nuestros pecados, para redimirnos y devolvernos a Dios, fue levantado de la muerte de manera gloriosa. Él sigue vivo hoy —y vivirá por siempre— para dar vida a todo aquel que crea en Él. A través de su resurrección, Jesús validó su deidad, su reino y su dominio sobre el reino de Satanás. La resurrección trazó una línea entre el dominio de Satanás sobre la tierra y la conquista de Cristo sobre Satanás, su reino eterno y el restablecimiento de la raza humana al dominio sobre la tierra.

¡Podemos reinar con el mismo poder que levantó a Jesús de los muertos! El poder de la resurrección salva, sana y libera. Cuando recibamos la revelación de la resurrección de Cristo y vivamos en ella verdaderamente, veremos milagros, señales, maravillas y la resurrección de los muertos, extendiendo el reino de Dios en la tierra como es en el cielo.

Preguntas de estudio

Parte I: Jesús experimentó tres tipos de muerte en nuestro lugar

La vida de Jesús en la tierra fue un acto de sustitución —para restaurar nuestra relación con el Padre y nuestro dominio— que alcanzó su clímax en la cruz, donde murió en nuestro lugar, por nuestros pecados. Para ser nuestro sustituto, Jesús tuvo que pasar los tres tipos de muerte que cada ser humano estaba destinado a sufrir (sin su obra redentora en la cruz) debido a la rebelión de Adán y la naturaleza de pecado heredada por toda la raza humana.

- **La muerte física**

1. ¿Qué "probó" Jesús en nuestro lugar, para que nosotros podamos recibir vida eterna? (Hebreos 2:9b)

____

2. (a) ¿Con qué tipo de ejecución murió Jesús? (Lucas 23:33a)

____

(b) ¿Qué dijo Jesús justo antes de exhalar su último aliento? (Versículo 46b)

____

3. Cuando Jesús murió en la cruz, ¿qué puso Dios sobre Él? (Isaías 53:6b)

____

En el intercambio que tomó lugar en la cruz, Jesús soportó las consecuencias de nuestra desobediencia para que nosotros recibiéramos los beneficios de su obediencia.

- **La muerte espiritual: separación de Dios**

4. ¿Qué les dijo Isaías a los israelitas que sus iniquidades y pecados le habían hecho a su relación con Dios? (Isaías 59:2)

____

____

5. ¿Qué dijo Jesús mientras estaba en la cruz, indicando que el tomar nuestros pecados en sí mismo lo separó de su comunión y unión con Dios Padre? (Mateo 27:46b)

____

6. ¿Por qué Dios hizo a Jesús pecado por nosotros, cuando Él nunca había pecado? (2 Corintios 5:21b)

____

Sólo el pecado o la iniquidad puede separar a una persona de Dios.

- **La "segunda muerte": separación eterna de la presencia de Dios**

7. (a) ¿Qué dijo Jesús para describir cómo el Hijo del Hombre (Jesús) pasaría el periodo de tiempo entre su muerte y resurrección? (Mateo 12:40b)

   ____

   (b) El Salmo 88 puede ser un recuento profético de los sufrimientos de Jesús, incluyendo sus pensamientos hacia Dios Padre mientras pasaba la "muerte segunda" en el Seol. ¿Cómo describió Jesús su experiencia del castigo de Dios por los pecados de la humanidad? (Salmos 88:6–8)

   ____

   ____

   ____

REFLEXIONES ACERCA DE LA "MUERTE SEGUNDA"

Después de la muerte de Jesús, su espíritu descendió al infierno. En la Biblia, la vida después de la muerte se llama, a veces, "Seol" o "Hades". En la parábola de Jesús del hombre rico y Lázaro, el Hades se describe dividido en dos regiones: un lugar de tormento (donde el espíritu de los incrédulos esperaba su juicio final) y el "seno de Abraham" (donde el espíritu de los justos esperaba la culminación de la misión salvadora del Mesías, para poder morar en la presencia de Dios). (Ver Lucas 16:19–31). Jesús pasó el tormento en el Hades o Seol, que nosotros deberíamos haber recibido. Él tomó cada juicio en su espíritu. Si bien el sufrimiento de Cristo en la cruz fue horrendo, su sufrimiento espiritual en el infierno, del cual pocos creyentes parecen estar conscientes, fue aún más terrible. Él soportó la ira de Dios en el ámbito espiritual por los pecados e iniquidades de la raza humana entera para salvarnos de ese lugar de tormento.

8. ¿Qué revelación había recibido Jesús, como declaran los Salmos, con respecto al estado de su alma y su cuerpo físico después de haber muerto? (Salmos 16:10)

____

____

La resurrección es la manifestación de Dios Padre honrando a su Hijo.

Parte II: Jesús experimentó dos resurrecciones en nuestro lugar

- **Él fue vivificado en su espíritu**

9. ¿Cómo fue resucitado Jesús espiritualmente luego de su muerte? Completar lo siguiente:

1 Pedro 3:18b: "*Cristo… siendo a la verdad muerto en la carne pero vivificado* ______ ______________".

Romanos 6:4: "*Cristo resucitó de los muertos* ______ ________ ______________ __________ ________________".

10. ¿A qué grupo le "predicó" Jesús después de su resurrección espiritual, pero antes de su resurrección física? (1 Pedro 3:19b)

____

DEFINICIÓN CLAVE: La palabra "*predicó*" en 1 Pedro 3:19 se traduce del griego *kerússo*, que significa "pregonar (como un pregonero público), especialmente una verdad divina"; indica "proclamar" y "publicar" (STRONG G2784).

---

11. (a) ¿A quiénes les predicó Jesús *el evangelio* antes de su resurrección física? (1 Pedro 4:6a)

____

(b) ¿Cuál era su propósito al predicarle a este segundo grupo? (Versículo 6b)

____

____

REFLEXIONES ACERCA DE LA RESURRECCIÓN ESPIRITUAL

Jesús fue vivificado en su espíritu por la obra del Espíritu Santo antes de que su cuerpo físico fuera levantado de los muertos. El poder de Dios vino sobre el espíritu de Jesús, y éste fue vivificado al instante. Esa fue la resurrección inicial que Él experimentó. Un día, todos seremos resucitados por el mismo poder. (Ver Romanos 6:5).

Jesús visitó a dos grupos después de su resurrección espiritual. Yo interpreto que *"espíritus encarcelados"* en 1 Pedro 3:19 significa entidades espirituales malignas o demonios. Como mensajero de Dios, Jesús fue al lugar donde los demonios estaban encarcelados en el infierno. No fue a ellos a proclamar el evangelio para salvación sino para anunciar que Él era el Rey de reyes y Señor de señores, que toda la autoridad le había sido dada y que tenía las llaves del infierno y de la muerte. Él fue allí a decirles que había vencido a Satanás, y que ¡viviría por siempre! Jesús también les predicó el evangelio a aquellos que estaban en el seno de Abraham, para salvación. Esta gente había muerto en fe, esperando la redención del Mesías, tal como se describe en Hebreos 11:13–16. Ellos fueron los primeros en recibir las buenas nuevas de la resurrección.

- **Fue vivificado en su cuerpo**

12. (a) Cuando Cristo resucitó de los muertos, ¿en qué se convirtió para aquellos que creen? (1 Corintios 15:20b)

    ____

    (b) ¿Cómo se describe a Jesús en Apocalipsis 1:5?

    ____

13. (a) Después de que Jesús fue resucitado y les enseñó a sus discípulos acerca del reino por cuarenta días, ¿adónde ascendió? Completar lo siguiente:

Hechos 1:11a: *"Este mismo Jesús, que ha sido tomado de vosotros* __________ __________...".

Hechos 2:33a: *"Así que,* [Jesús] *exaltado* __________ __________ __________ __________ __________...".

(b) ¿Con qué nombre ha investido Dios Padre a Jesús? (Filipenses 2:9)

____

14. (a) Habiendo estado una vez muertos en nuestros pecados, ¿qué somos ahora? (Efesios 2:5b)

____

(b) ¿Cuál es nuestra posición espiritual en Cristo Jesús? (Versículo 6)

____

Cuando nos identificamos con la muerte, sepultura y resurrección de Jesús, nos convertimos en nuevas criaturas para gobernar y reinar con Él.

Conclusión

Jesús conquistó el pecado, el diablo y sus demonios, la muerte y el infierno. Darnos cuenta de que Jesús triunfó sobre esos rivales, que eran invencibles para la raza humana, es clave para entender su trabajo de redención completo. La resurrección de Cristo, de entre los muertos, logró lo siguiente:

- Nos restauró a la comunión con la vida espiritual de Dios. Nos hizo uno con el Padre, otra vez; hemos sido reconciliados y reunidos con Él. (Ver 2 Corintios 5:18; 1 Juan 1:3).

- Implantó la vida de resurrección en nuestro cuerpo mortal, que se manifestará en su plenitud cuando Cristo regrese por su iglesia; allí nuestros cuerpos serán glorificados como el de Él. (Ver Romanos 8:11).
- Nos devolvió a la eternidad en la presencia de Dios. Ésta es la consumación de la obra perfecta de Cristo en la cruz y su resurrección. (Ver 1 Tesalonicenses 4:17; Apocalipsis 21:1–3).
- Nos sentó en lugares celestiales a gobernar con Él. Después de pagar por nuestros pecados y ser levantado de los muertos, Jesús se sentó para siempre en su trono a la diestra del Padre, como nuestro Sumo Sacerdote. El haberse sentado simboliza su autoridad, gobierno y reino, porque su obra estaba completa. Una vez que su obra de expiación estuvo cumplida, nos devolvió el dominio que Adán había perdido y —lo que es aún destacable— nos sentó con Él en su gobierno celestial. El Hijo de Dios es el único Rey que les permite a sus súbditos reinar con Él. ¡Ésta es nuestra herencia! (Ver, por ejemplo, Efesios 2:5–6; Hebreos 4:14; 6:20; 7:26–28; 10:11–13).

Oración de activación

Señor Jesús, gracias por morir por mí, descender al infierno y pagar el precio por mis pecados. Tú recibiste la ira de Dios en mi lugar. Te doy todo el honor y la gloria. A partir de este día, me rindo a ti, y te pido que gobiernes sobre mí y que vivas tu vida a través de mí.

Te pido que resucites mi vida, mi visión, mis sueños, mi salud, mi hogar y mis finanzas. Jesús, yo te adoro porque lo imposible se ha hecho posible a través de tu resurrección. Yo estoy sano(a) y libre. Recibo un milagro creativo, ¡ahora mismo! Puedo ejercer dominio y gobierno sobre el enemigo en el territorio que tú me has dado. Ya no tengo que ser dominado y controlado por las circunstancias, los problemas o Satanás. Gracias por hacerme coheredero contigo de las bendiciones de Dios. ¡Amén!

Pasos para la acción

- Ofrece una alabanza de corazón a Jesús por morir física y espiritualmente y por probar la "muerte segunda" en tu lugar, para que fueras levantado a novedad de vida en Él. (Ver Romanos 6:4).
- ¿Estás viviendo desde la perspectiva de reinar en lugares celestiales en Cristo Jesús? Vuelve a leer Efesios 2:5–6 y memorízalo para despertar tu fe a la realidad espiritual de tu posición en Cristo.

ENCUENTROS CON EL REINO DE DIOS

Un bebé muerto al nacer resucita en una morgue

Una mujer llamada Amalia, miembro de una iglesia en Argentina que está bajo la cobertura espiritual del Ministerio El Rey Jesús, fue testigo del poder de la resurrección que levantó a su beba de la muerte. Ella había tenido un embarazo de riesgo que la había llevado a entrar en trabajo de parto en su sexto mes. El parto fue complicado y la niña murió al nacer. Los médicos la tuvieron en observación por varias horas, pero finalmente la declararon oficialmente muerta, y su cuerpo fue enviado a la morgue. Cuando la iglesia supo la noticia, comenzó a interceder por la familia.

Apenas pudo, Amalia pidió ver a su hijita, pero debido a muchas reglas y regulaciones, pasaron doce horas antes de que le dieran el permiso. Finalmente, le permitieron ir a la morgue junto a su esposo. El médico forense los guio a un pequeño cajón donde la beba yacía muerta. Cuando él abrió el cajoncito, Amalia y su esposo vieron que la beba estaba envuelta en una tela. Amalia quitó la tela y tomó la mano fría de su hija para despedirse. De repente, oyeron un débil sonido, y la beba se movió. ¡Estaba viva! El impacto de esta experiencia fue tal que Amalia estuvo a punto de desmayarse. Cuando el médico forense vio lo que sucedía comenzó a llorar. No podía sobreponerse al impacto. La beba había pasado doce horas en la morgue a temperaturas extremadamente bajas. De inmediato, la llevaron a la unidad de neonatología y le dieron la atención necesaria. Allí, los doctores confirmaron que sus signos vitales eran normales.

Cuando el director del hospital oyó lo que había pasado, suspendió a todos los médicos y enfermeras que habían atendido el parto, pensando que los padres de la beba demandarían por mala praxis, porque él no entendía cómo podía pasar algo así. Finalmente, todos tuvieron que admitir que lo que había sucedido había sido un milagro de Dios. La beba había sido resucitada por el poder de la resurrección de Cristo Jesús, ¡mientras estaba en la morgue, tendida en un cajón! La noticia llegó a los medios de comunicación masiva de todo el país y el mundo. Hoy, la beba, Luz Milagros, está con su familia, creciendo fuerte y saludable. Si aplicas el poder de la resurrección a tus circunstancias pueden suceder milagros similares en tu vida, en tu familia y en tu iglesia.

Estudio 5

UNA REVELACIÓN DE LA RESURRECCIÓN, PARA EL REINO AQUÍ Y AHORA

"A fin de conocerle, y el poder de su resurrección...".
—Filipenses 3:10

Introducción

A menudo, cuando oímos el mensaje de la resurrección de Cristo predicado en las iglesias, es presentado solamente desde una perspectiva histórica, sin la revelación. En consecuencia, no es común que presenciemos el poder de Dios manifestado entre su pueblo. Una revelación del Cristo viviente distingue aquellos que creen en la resurrección para el aquí y ahora —el eterno presente— de aquellos que creen en ella como un evento histórico. Los primeros están activados y reciben el poder sobrenatural de Jesús para extender su reino.

Preguntas de estudio

Parte I: Diez revelaciones fundamentales acerca de la resurrección

- **Revelación Nº 1: La resurrección siempre es revelada por el Espíritu Santo en el "ahora"**

1. (a) Lee Juan 19:17–18, 34 y Juan 20:24–28 y, luego, explica cómo el discípulo Tomás recibió la revelación de la realidad de la resurrección de Jesús. (Juan 20:27–28)

(b) ¿Qué dijo Jesús acerca de aquellos que nunca vieron personalmente al Cristo resucitado pero que recibieron la revelación de su resurrección? (Juan 20:29b)

___

(c) Dado que Pedro había visto al Cristo vivo (ver Hechos 3:15b) y sabía que había poder en su nombre (ver versículo 16a), ¿qué dijo e hizo con el hombre cojo en la puerta del templo? (Hechos 3:6b–7a)

___

___

(d) ¿Qué le pasó al hombre cojo como resultado de eso? (Versículos 7b, 8b)

___

___

- **Revelación Nº 2: La resurrección de Jesús es la demostración de su amor y poder**

2. Gracias al amor del Padre hacia nosotros, demostrado en la muerte y resurrección de su Hijo Jesucristo, ¿cómo somos llamados? (1 Juan 3:1a)

___

- **Revelación Nº 3: La resurrección de Jesús es el fundamento y sustento del Cristianismo**

3. Sin la resurrección para culminar la obra de la cruz, no habría salvación ni transformación personal resultante, porque es el poder de la resurrección el que activa esa obra. ¿Cómo deberíamos "andar" ahora, gracias a la resurrección de Cristo? Completar lo siguiente:

Romanos 6:4b: "*…como Cristo resucitó de los muertos por la gloria del Padre, así también nosotros andemos en* ______ ______".

La resurrección es la única fuente de poder para transformar el corazón.

- **Revelación Nº 4: Si Cristo no hubiera resucitado, nuestra fe y mensaje serían vanos**

4. ¿Cuáles hubieran sido algunas de las consecuencias si Jesús no hubiera resucitado? (1 Corintios 15:14b–15a, 17b–19)

____

____

____

____

- **Revelación Nº 5: La resurrección valida y vindica a Jesucristo como el Hijo de Dios**

5. ¿Qué fue declarado Jesús según el *"Espíritu de santidad"*? Completar lo siguiente:

   Romanos 1:4: "[Jesús] *que fue declarado* __________ ________ ______________

   __________ _______________ *según el Espíritu de santidad,* _________ ________

   ______________________ _________ _______________ __________

   ________________".

- **Revelación Nº 6: Cristo es el único con un testimonio de haber sido levantado permanentemente de la muerte, tanto física como espiritualmente**

6. (a) ¿Qué dijo el Cristo resucitado de sí mismo? (Apocalipsis 1:18a)

   ____

   ____

   (b) Observa un contraste significativo entre el primer Adán y Cristo, "el último Adán". Completar lo siguiente:

   1 Corintios 15:45: *"Fue hecho el primer hombre Adán* ________________

   __________________*; el postrer Adán,* ____________________

   _____________________".

- **Revelación Nº 7: La resurrección estableció el reino de Cristo y destruyó el reino de Satanás**

7. (a) ¿Qué títulos le corresponden a Jesús? (Apocalipsis 19:16)

____

(b) ¿Qué les hizo Jesús a los principados y poderes de maldad del reino de Satanás por medio de su muerte y resurrección? (Colosenses 2:15)

____

Cada vez que predicamos acerca de la resurrección, le recordamos su derrota a Satanás.

- **Revelación Nº 8: La resurrección de Cristo ganó nuestra salvación, redención, justificación y resurrección**

8. (a) ¿Qué tenemos en Cristo que nos habilita para entrar en su reino? Completar lo siguiente:

Colosenses 1:13–14: "[Dios el Padre] *nos ha librado de la potestad de las tinieblas, y trasladado al reino de su amado Hijo, en quien* ______________________

______________ ________ _______ ______________, ________

______________ ______ ______________".

(b) ¿Qué hará Dios por nosotros según lo hizo por Jesús? (2 Corintios 4:14a)

____

(c) ¿Cómo transformará Jesús nuestros cuerpos cuando vuelva a la tierra? (Filipenses 3:21a)

____

- **Revelación Nº 9: La resurrección nos da el derecho de gobernar sobre todo lo que Jesús conquistó**

9. (a) ¿Qué harán aquellos que reciben la abundancia de la gracia y del don de la justicia en Cristo? (Romanos 5:17b)

    ____

    (b) Nombre dos señales que dijo Jesús que seguirían a los que creen. Completar lo siguiente:

    Marcos 16:17a: *"En mi nombre* ______________ __________

    __________________...".

    Versículo 18b: *"...sobre los* ______________ ______________ ________

    ______________, ______ ______________".

- **Revelación Nº 10: El mensaje del poder de la resurrección desata milagros, señales y maravillas, aquí y ahora**

10. (a) Los apóstoles, ¿con qué dieron testimonio de la resurrección de Jesús? (Hechos 4:33a)

    ____

    (b) ¿Qué sucedió cuando los discípulos de Jesús salieron y *"predicaron en todas partes"*? (Marcos 16:20b)

    ____

Cuando el Espíritu Santo revela la resurrección,
ésta es confirmada con milagros, señales y maravillas.

Parte II: Cómo caminar en el poder de la resurrección

- **Principio Nº 1: Morir al "Viejo hombre": la carne o el yo carnal**

11. (a) ¿Qué dijo Jesús acerca de aquellos que desearan seguirlo? (Lucas 9:23b)

____

____

(b) Cuando Jesús estaba en el huerto de Getsemaní, ¿qué oró expresando su total sumisión a Dios Padre? Completar lo siguiente:

Mateo 26:39b: *"Pero* ________ ________ ________ ________ ________,

________ ________ ________".

(c) ¿Cómo evitamos satisfacer los deseos de la carne? (Gálatas 5:16a)

____

REFLEXIONES ACERCA DE MORIR AL YO CARNAL

Jesús dijo: *"El que ama su vida, la perderá; y el que aborrece su vida en este mundo, para vida eterna la guardará"* (Juan 12:25). La palabra griega traducida como *"vida"* las dos primeras veces en este versículo es *psujé*, que significa "el alma" (NASC, G5590), o indica "el asiento de la personalidad"[1]. El alma consiste en mente, voluntad y emociones; es el centro de nuestros sentimientos, deseos, afectos y preferencias. Yo creo que Cristo estaba diciendo, básicamente, que si amamos nuestra *psujé* —lo que pensamos, sentimos y queremos— sin buscar lo que Dios quiere, moriremos espiritualmente. Pero si odiamos nuestra vida, en el sentido de alejarnos del *"espíritu del mundo"* (1 Corintios 2:12), recibiremos vida eterna. No podemos llevar vidas egoístas y la vida de la resurrección al mismo tiempo; es imposible que podamos manifestar ambas a la vez. Una debe morir para que la otra viva. Debemos morir a la vieja vida para dar lugar a nuestra nueva vida en Cristo.

Viviremos al grado que estemos dispuestos a morir.

---

1. *Vine's Complete Expository Dictionary of Old and New Testament Words*, 588.

- **Principio Nº 2: Vivir por la fe de Cristo dentro de ti, aquí y ahora**

12. (a) Cuando hemos sido "crucificados juntamente con Cristo", ¿quién vive en nosotros? (Gálatas 2:20a)

    ____

    (b) ¿Cómo vivimos ahora nuestra vida *"en la carne"*? (Versículo 20b)

    ____

    (c) Dado que hemos sido espiritualmente levantados con Cristo, ¿qué debemos buscar? (Colosenses 3:1)

    ____

    (d) ¿En qué sí debemos poner nuestra mente y en qué no debemos poner nuestra mente? (Versículo 2)

    ____

    ____

La fe de Cristo morando en nosotros es la vida de resurrección.

- **Principio Nº 3: Recibir tu herencia de la resurrección por fe**

13. ¿Cuáles son algunas de las verdades espirituales que el apóstol Pablo quería que los creyentes de Éfeso supieran? (Efesios 1:18b)

    ____

    ____

Si la revelación de la resurrección está ausente, no habrá poder sobrenatural en la iglesia.

- **Principio Nº 4: Conocer a Cristo en el poder de su resurrección**

14. (a) ¿Cuál es otra de las verdades espirituales que Pablo quería que los efesios supieran? (Efesios 1:19a)

____

(b) ¿Qué dijo Jesús de sí mismo? (Juan 11:25a)

____

(c) ¿Cuál fue uno de los mandatos de Cristo para sus discípulos? Completar lo siguiente:

Mateo 10:8: *"Sanad enfermos, limpiad leprosos,* ____________________

____________________*..."*.

<u>DEFINICIÓN CLAVE</u>: Pablo escribió: *"A fin de conocerle* [a Cristo], *y el poder de su resurrección, y la participación de sus padecimientos, llegando a ser semejante a él en su muerte"* (Filipenses 3:10). La palabra griega traducida como *"conocer"* en este versículo es *ginónsko*, que significa "llegar a conocer, reconocer, percibir" (NASC, G1097). Estas definiciones indican "experimentar".

La vida de resurrección que fluye a través de nosotros es sobrenatural por naturaleza y origen. Los milagros, señales, maravillas y resurrección de muertos deberían ser la norma para nosotros.

- **Principio Nº 5: Reconocer y entender la soberanía de Dios**

15. ¿Qué está en manos de Dios? (Job 12:10b)

____

- **Principio Nº 6: Recibir una jréma o palabra revelada del "ahora", por medio del Espíritu Santo**

16. (a) ¿Qué dijo Jesús, a la gente que lloraba por la muerte de una niña, basado en el conocimiento revelado que había recibido de Dios? (Lucas 8:52b)

    ____

    (b) La multitud que lloraba ridiculizó a Jesús por lo que había dicho, porque sabía que la niña estaba muerta. Pero, ¿qué hizo Jesús, fundamentado en el conocimiento que había recibido, y cuál fue el resultado? (Versículos 54–55a)

    ____

    ____

    ____

    (c) ¿Qué conocimiento revelado recibió Jesús con respecto al resultado de la enfermedad de Lázaro (y subsiguiente muerte), tanto como del propósito de la misma? (Juan 11:4)

    ____

    ____

Conclusión

La resurrección de Cristo prueba su divinidad, su señorío y su reino. Satanás se aterroriza con los testimonios de la resurrección porque sabe que tienen el poder de anular el reino de las tinieblas. Jesús venció el pecado, la muerte, el infierno, al diablo y sus demonios, la enfermedad, la vieja naturaleza y la carne, el mundo, el miedo, la pobreza, la venganza, el rechazo, la maldición y mucho más. Todo lo que Jesucristo venció está ahora sujeto a su dominio; es un enemigo conquistado.

A través del sacrificio de Cristo en la cruz, somos perdonados; a través de su resurrección, comenzamos a operar en su poder. El mensaje de la cruz y el mensaje de la resurrección deben ser proclamados siempre juntos. ¡Alabado sea Dios porque Jesús se levantó de los muertos y venció a Satanás, quitándole todo el poder y la autoridad!

Yo te animo hoy a tomar autoridad y dominio, a través de Cristo, sobre cada enemigo que Él conquistó con su resurrección. Echa fuera demonios, sana al enfermo y levanta a los muertos. Levantar a los muertos es un milagro y señal maravilloso. Jesús lo hizo, los apóstoles lo hicieron, yo lo he hecho, otros que he enseñado y entrenado lo han hecho, ¡y tú puedes hacerlo también! ¡Desata el poder de la resurrección de Cristo!

Oración de activación

Espíritu Santo, tú eres el administrador y ejecutor del poder de la resurrección de Cristo. Yo te pido que ilumines mi entendimiento con el espíritu de sabiduría y revelación, para que pueda conocer el poder de la resurrección, aplicarlo a mi vida y desatarlo sobre quienes están en necesidad.

Permite que la fe y la vida de resurrección de Jesús fluyan a través de mí, hoy. Reconozco que el poder de la resurrección está disponible y activo dondequiera que voy. ¡Todo lo puedo en Cristo que me fortalece! Nada es imposible para mí, porque nada es imposible para Dios. Soy una extensión de la resurrección de Cristo en la tierra para extender su reino. Él vive, y yo vivo de acuerdo a su vida y su fe. En el nombre de Jesús, ¡amén!

Pasos para la acción

- Así como acabas de orar, ahora mismo, recibe la revelación del poder de la resurrección de Cristo que te da el Espíritu Santo, y comienza a vivir de acuerdo a la misma.
- Debemos morir al "yo carnal" cada día. Éste es un proceso para toda la vida. Comienza hoy renunciando a cualquier parte de tu vida que no esté rendida a Dios, y ora al Padre celestial: "Señor, que no sea mi voluntad sino la tuya".
- Pídele al Espíritu Santo que te dé una experiencia del poder de la resurrección de Cristo en cada aspecto, para que conozcas su poder como dominio (poder territorial), unción (poder para servir), fe (poder para hacer milagros), gobierno (poder de Dios en el ámbito de la autoridad), perseverancia (poder para la transformación del carácter), fuerza (poder para la guerra espiritual) y prosperidad (poder para hacer riquezas).
- Cuando recibas el conocimiento revelado del Espíritu Santo con relación a diferentes circunstancias, y actúes por esa revelación en fe, demuestra la prueba de la resurrección de Jesús a través de milagros, señales, maravillas y levantando a los muertos. Disponte a sufrir persecución por proclamar el mensaje completo del reino, la cruz y la resurrección de Cristo y por desatar su poder sobrenatural en la tierra.

ENCUENTROS CON EL REINO DE DIOS

Resurrección de la muerte luego de una "confusión de identidad"

Mani Efran es un pastor y profeta de Turquía. Él y varios de los líderes que él entrena asistieron a una conferencia en Turquía donde el Apóstol Maldonado enseñó acerca de lo sobrenatural. Todos los asistentes se fueron llenos de fe sobrenatural para orar por los enfermos. Uno de los pastores bajo la cobertura de la iglesia del Pastor Efran volvió a Irán, donde un miembro de la iglesia le pidió que orara por su padre, que estaba muy enfermo. Este pastor y su esposa fueron al hospital, pero cuando llegaron a la habitación, las enfermeras estaban desconectando las máquinas que habían estado conectadas al paciente, porque éste acababa de morir. Sin embargo, tan pronto como estuvieron solos con aquel hombre, impusieron las manos sobre el cuerpo muerto, declarando que Dios lo resucitaría. Como nada sucedió, ellos se entristecieron y salieron a la sala de espera, a buscar a la familia del hombre.

Ellos ofrecieron sus condolencias y se disculparon por haber llegado demasiado tarde. Pero entonces, el hijo del hombre dijo: "¿De qué están hablando? ¡Mi padre no está muerto!", y corrió a ver a su padre, quien, de hecho, estaba vivo, en una habitación diferente del hospital. Mientras tanto, otra familia gritaba de gozo, diciendo que *su* padre había resucitado y preguntaba: "¿Dónde está la pareja que oró por mí? Tráiganme a la pareja. ¡Yo la vi!".

Lo que había sucedido es que el empleado de recepción había dirigido al pastor y a su esposa a la habitación equivocada. ¡Dios había levantado al otro hombre de los muertos después de sus oraciones! Este hombre contó que él había tenido una visión de su habitación en el hospital, y había visto su cuerpo muerto y a la pareja que entraba y oraba por él. Cuando los volvió a ver los reconoció. Fue completamente sano y comenzó a decirle a todo el mundo que ¡Jesús lo había resucitado! Como resultado, él y toda su familia recibieron a Jesús como salvador. Aunque el hombre por el que esta pareja había orado no era la persona a la que habían ido a ver realmente, Dios hizo el milagro gracias a su osadía sobrenatural. Ellos habían orado por su resurrección y el poder de Dios ¡lo había levantado de la muerte!

Estudio 6

EL CONFLICTO ESPIRITUAL ENTRE DOS REINOS

"Porque no tenemos lucha contra sangre y carne, sino contra principados, contra potestades, contra los gobernadores de las tinieblas de este siglo, contra huestes espirituales de maldad en las regiones celestes".
—Efesios 6:12

Introducción

Vivimos en tiempos de gran conflicto, en los que mucha gente está al tanto de las guerras y actos de agitación política que toman lugar alrededor del mundo; pero la mayoría no está consciente del conflicto espiritual que sucede a diario entre el reino de la luz y el reino de las tinieblas. Cada persona en la tierra, sin excepción, está alineada con un reino o con el otro, se dé cuenta o no. No hay neutralidad. Puesto de manera simple, la obediencia a Dios y a su autoridad delegada nos alinea con el reino de Dios, mientras la desobediencia a Él nos alinea con el reino de las tinieblas.

Para comprender verdaderamente este conflicto entre el reino de Dios y el reino de Satanás, debemos tener un entendimiento detallado de cómo estos dos reinos se oponen uno al otro, diametralmente. En este estudio, aprenderemos cómo gobierna el reino de Dios y luego lo contrastaremos con cómo funciona el reino de las tinieblas. Además, examinaremos con más profundidad la total derrota de Jesús sobre Satanás a través de su muerte y resurrección.

Preguntas de estudio

Parte I: Cómo gobierna el reino de Dios

- **A través de la paternidad**

El reino de Dios no es tan sólo un sistema de leyes y estatutos, no es simplemente la sociedad entre un soberano y sus súbditos. Es la relación de un Padre con sus hijos, y viceversa. Dios es un Padre para nosotros de numerosas maneras. Él nos provee identidad como sus hijos; nos afirma, nutre, fortalece y disciplina por nuestro bien; nos revela nuestro propósito y nos capacita para cumplirlo. Para nosotros, es fundamental relacionarnos con Dios como nuestro Padre, para poder servir en su reino.

1. Cuando hemos "visto" a Jesús —su amor, poder, prioridades y demás— ¿a quién hemos "visto" al mismo tiempo? (Juan 14:9b)

    ____

2. (a) Cuando nos convertimos en hijos de Dios, ¿en qué más nos convertimos con relación a Él? Completar lo siguiente:

    Romanos 8:17: "*Y si hijos, también* ____________________*;*

    ____________________ ________ ____________ *y* ____________________

    ____________ ______________*".*

    (b) ¿Cuál es la meta suprema de nuestro Padre celestial para nosotros? Completar lo siguiente:

    1 Juan 3:2b: "*...cuando él* [Dios Padre] *se manifieste,* ________________

    ____________________ ________ ________*, porque le veremos tal como él es".*

- **A través de la revelación o conocimiento revelado**

3. ¿A través de quién recibimos conocimiento de Dios? (Juan 14:26a)

    ____

4. (a) Después de haber ministrado al Señor y ayunado, ¿qué instrucciones recibieron, los líderes de la iglesia de Antioquía, de parte del Espíritu Santo, acerca del Saulo (Pablo) y Bernabé? (Hechos 13:2)

    ____

    (b) ¿Cómo respondieron los líderes a esta instrucción? (Versículo 3)

    ____

    ____

(c) ¿Qué revelación recibió el profeta Agabo? (Hechos 11:28b)

____

(d) ¿Cómo respondieron los discípulos a este mensaje? (Versículo 29)

____

(e) ¿Qué revelación recibió Pablo acerca del hombre que había sido cojo de nacimiento? (Hechos 14:9b)

____

(f) ¿Qué hizo Pablo basado en ese conocimiento revelado? ¿Qué sucedió después de eso? (Versículo 10)

____

____

- **A través de la obediencia y sumisión voluntarias de la gente**

5. (a) Escribe algunas afirmaciones que hizo Jesús que muestran que Dios nos invita a entrar a su reino por nuestra propia voluntad y recibir sus beneficios.

Mateo 16:24: ____

____

Mateo 11:28: ____

____

Juan 7:37b: ____

(b) Según Dios instruyó a los israelitas, ¿qué deberíamos hacer para comer *"el bien de la tierra"*? (Isaías 1:19)

____

Estar bajo autoridad es la clave para ejercer autoridad.

Parte II: Cómo gobierna el reino de las tinieblas

- **A través de la ignorancia espiritual de la gente**

6. (a) ¿Cuál es uno de los métodos con que Satanás, como *"dios de este siglo"*, evita que la gente crea el evangelio y la mantiene en ignorancia espiritual? (2 Corintios 4:4a)

____

(b) ¿Qué hace Satanás cuando la gente oye la palabra del reino pero no la entiende? (Mateo 13:19)

____

El reino de las tinieblas y la "religión" prosperan por nuestra tendencia a permanecer en ignorancia espiritual.

- **A través de la desobediencia de la gente**

7. ¿Qué término usó Pablo para la gente a través de la cual el diablo trabaja para extender el reino de las tinieblas? (Efesios 2:2b)

____

8. ¿Cuáles son algunas de las obras de desobediencia? (Colosenses 3:5b NVI)

____

Cualquier religión incapaz de lidiar con la rebelión de una persona es ineficaz.

DEFINICIONES CLAVE: Satanás se llama *"príncipe de la potestad del aire"* (Efesios 2:2). La palabra griega traducida como *"príncipe"* es *árjon*, que significa "aquel que es primero en rango o poder", "jefe", "magistrado", "príncipe" o "gobernante" (STRONG, NASC G758). La palabra traducida como *"potestad"* es *exusía*, y entre sus significados se encuentran "autoridad", "jurisdicción" (STRONG, G1849) y "poder para actuar" (NASC, G1849). De estas dos palabras griegas, podemos concluir que Satanás es un ángel gobernante caído; es el jefe del ámbito o jurisdicción del *"aire"*.

REFLEXIONES ACERCA DEL "PRÍNCIPE DE LA POTESTAD DEL AIRE"

La palabra *"aire"* en Efesios 2:2 se refiere a la atmósfera adyacente a la superficie de la tierra. Cuando Satanás fue vencido por Jesús, tuvo que soltar el dominio de la tierra. Sin embargo, la iniquidad de aquellos que todavía están desconectados de Dios y permanecen bajo la influencia del diablo le permiten retener cierta medida de gobierno. El reino de Satanás tiene acceso a la vida de la gente directamente a través de su propio pecado y rebelión. También tiene la habilidad de manipular y tentar a la gente por la vía de la atmósfera de la tierra. Si bien la atmósfera no es un territorio tangible, podemos reconocer la influencia del dominio de Satanás allí por las transmisiones de programación, música y contenido de red insano que la gente distribuye por las ondas de la televisión, radio e Internet. La iglesia debe tomar su posición y ejercer dominio sobre las ondas radiofónicas y transmitir programas que contengan la Palabra de Dios y sus principios, para dispersar esta atmósfera negativa.

- **A través de la dominación y el control**

9. (a) ¿Qué le infligió Satanás a la joven esclava para dominarla y controlarla? (Hechos 16:16a)

   ____

   (b) ¿Cómo quitó Pablo el reino de las tinieblas de aquella joven? (Versículo 18b)

   ____

   ____

10. Pablo les preguntó a los creyentes de la iglesia de Galacia quién los había "*hechizado*" (Gálatas 3:1 NVI), es decir dominado, alejándolos del verdadero mensaje del evangelio del reino. ¿En qué error señaló Pablo que habían caído? Completar lo siguiente:

    Gálatas 3:3 (NVI): "*Después de haber comenzado con el Espíritu, ¿pretenden ahora*

    ____________________ __________ ____________________

    ____________________*?*".

11. Si bien, a menudo, parece que nuestros conflictos y problemas son causados por otra gente, ¿contra qué peleamos realmente? (Efesios 6:12b)

    ____

    ____

    ____

La ley del reino de las tinieblas es dominar y controlar a la gente.
La ley del reino de Dios es la sumisión voluntaria a Él.

Parte III: Cuatro resultados de la victoria de Jesús sobre Satanás, en la cruz

- **Satanás fue vencido**

12. Desde que Cristo derrotó a Satanás, ¿qué nos capacitó para ser en medio de "*tribulación, o angustia, o persecución*" (Romanos 8:35), o cualquier otra adversidad en la vida? Completar lo siguiente:

    Romanos 8:37: "*Antes, en todas estas cosas somos* __________ __________

    ____________________ *por medio de aquel que nos amó*".

- **Satanás fue destronado**

13. Satanás, como el *"hombre fuerte"*, retuvo la seguridad de su reino de tinieblas por un tiempo. (Ver Lucas 11:21). Sin embargo, ¿qué hizo Jesús, Aquel que era *"más fuerte que él"*, para desarmar el reino de Satanás después de invadir su "palacio" y vencerlo? (Versículo 22)

____

____

Por medio de la cruz, Jesús le asestó a Satanás una derrota total, permanente, eterna e irrevocable.

- **Satanás fue desarmado**

14. Al mismo tiempo que Jesús despojaba *"a los principados y a las potestades"* (Colosenses 2:15), equipaba a los creyentes con *"toda la armadura de Dios"* (Efesios 6:11), entre otros recursos espirituales, para que pudieran resistir los ataques del diablo y desterrar el reino de las tinieblas de los "territorios" que éste había tomado. Enumera las piezas de nuestra armadura espiritual. (Efesios 6:14–17 NVI)

____

____

____

- **Satanás fue destruido**

15. (a) Cuando Jesús destruyó a Satanás, también anuló su poder. ¿Qué poder en particular menciona el escritor de Hebreos? (Hebreos 2:14b)

____

(b) ¿Qué logró Jesús para los seres humanos que habían sido sujetos a esclavitud por miedo a este poder? (Versículo 15a)

____

16. ¿Qué dijo Jesús que era evidencia clara de que el reino de Dios había llegado? (Mateo 12:28a)

____

Echar fuera demonios es una manifestación del dominio y el gobierno del reino de Dios.

Conclusión

Cuando nacimos de nuevo, fuimos transferidos al reino de la luz de Dios, de inmediato. En ese instante, entramos en una guerra espiritual contra el reino de las tinieblas de Satanás. Cuando empezamos a remover el reino de Satanás de los diferentes territorios que ha tomado, él pelea por su vida. No quiere ser forzado fuera de ningún territorio que haya ganado en la gente y los lugares. A él le gusta desafiar la autoridad que Cristo nos ha dado. Por lo tanto, debemos pararnos en esa autoridad dada por Dios y resistirlo.

Si bien es cierto que hemos sido liberados del poder de Satanás, la sentencia final contra él todavía no ha sido ejecutada por Cristo. Mientras el enemigo no vuelva a tener dominio sobre nosotros, seguirá tratando de hacernos volver a su reino o de debilitar nuestra efectividad espiritual. Hasta que suceda su derrota final en el fin de los siglos, tendrá el derecho legal dado por Dios de pelear contra nosotros usando tres métodos: la *tentación* (ver, por ejemplo, Mateo 6:13), la *persecución* (ver, por ejemplo, 2 Timoteo 3:12) y la *acusación* (ver, por ejemplo, Apocalipsis 12:10). ¡Pero nosotros tenemos el poder y la autoridad en Cristo para vencerlo!

Para que tú representes una verdadera amenaza para el reino de las tinieblas, debes estar listo para protegerte de los ataques satánicos y para resistirlos. El reino de Dios no se trata de teología o doctrina, sino del poder de resurrección que puede derrotar al enemigo. Recordemos que la única autoridad que éste puede tener sobre nosotros es la que nosotros le demos a través de nuestra desobediencia. (Ver, por ejemplo, Efesios 4:27). Si bien los creyentes no pueden ser poseídos físicamente por demonios, sí pueden verse influenciados por ellos. Existen muchas áreas de nuestra vida que están cautivas por Satanás debido a la falta de perdón o las maldiciones generacionales. Por eso debemos practicar la liberación de manera regular. Cuando somos libres del pecado y obedecemos a Dios, el enemigo no puede prevalecer contra nosotros. Puede que tenga algo de poder, pero ya no tiene autoridad y no puede vencernos (a menos que se lo permitamos). ¡Podemos forzarlo a someterse y destruir todas sus obras, en el poder de la resurrección de Cristo!

Oración de activación

La liberación no vendrá si permanecemos pasivos y no hacemos nada, o si tan sólo recitamos las Escrituras. Vendrá cuando tomemos acción y reprendamos las entidades demoníacas en la autoridad del nombre de Jesús. Yo he ministrado por más de dos décadas, y he aprendido a guiar a la gente a completar ciertas condiciones para su liberación. Esto la ayuda a ser libre de toda opresión demoníaca que esté operando en su mente, voluntad y emociones. Para recibir liberación y permanecer libres debemos:

- Tener una revelación personal de Jesús como Señor y Salvador.
- Humillarnos delante de Dios (quienes rehúsen humillarse no deben continuar con la liberación).
- Confesar todos los pecados, ya sean de comisión o de omisión.
- Arrepentirse de todo corazón.
- Perdonar voluntariamente a todos aquellos que nos hayan ofendido.
- Desear con desesperación ser libres de la opresión del enemigo.
- Romper cualquier pacto hecho con lo oculto a través de brujería, Santería o cualquier otra falsa religión o secta.
- Creer, confesar y recibir, por fe, el intercambio divino que tomó lugar en la cruz de Cristo.
- Exhalar, para que todo espíritu malo pueda dejar nuestro cuerpo.

Puedes usar la siguiente oración como guía. Te ayudará a no olvidar ningún aspecto importante de la liberación. Recuerda que mientras haces esta oración, debes exhalar, como un acto de fe, para que todo espíritu malo se vaya de ti.

> Amado Señor, yo creo que tú eres el Hijo de Dios y que moriste en la cruz por mis pecados; que fuiste levantado de la muerte para que yo pudiera ser perdonado(a) y recibiera la vida eterna. Ahora mismo, tomo tu obra y renuncio a toda auto-justificación religiosa y todo sentido de orgullo que no venga de ti. Te pido tu misericordia y gracia, sabiendo que no tengo nada de qué jactarme. Yo confieso todos los pecados que he cometido, tanto como todo lo que debí haber hecho pero no hice, y me arrepiento de corazón. Elijo terminar mi vida de pecado para poder tener una nueva vida en ti. Por voluntad propia, tomo la decisión de seguirte. Perdono a todo aquel que me ha herido y me ha deseado el mal. Renuncio a la falta de perdón, amargura, odio y resentimiento, y los dejo ir. Perdono específicamente a (menciona los nombres de aquellos que te han herido), y te pido tu gracia sobrenatural para perdonarlos.

Renuncio a todo pacto que haya hecho con lo oculto, ya sea brujería, adivinación, falsas doctrinas o religiones. Además, me comprometo a destruir los objetos, en mi hogar u oficina, que tengan que ver con ocultismo e idolatría.

Señor Jesús, gracias por llevar mi maldición en la cruz para que yo pudiera recibir tu bendición. Soy redimido y libre en tu nombre. Me paro contigo en contra de Satanás y sus demonios. Renuncio a las maldiciones que he visto operar en mi vida (menciona todas las maldiciones generacionales que hayas podido identificar: enfermedad, depresión, alcoholismo, adulterio, suicidio, muerte prematura y cualquier otra cosa), y ahora, recibo tus bendiciones. Resisto al diablo y me someto a ti. Le ordeno a cada demonio que tenga control sobre mi vida, salud, economía y familia, que se vaya, ¡ahora mismo! Echo fuera todo demonio, en el nombre de Jesús. ¡Soy libre!

Pasos para la acción

- ¿Estás luchando con algo que no puedes identificar? Tal vez, puedes sentir tangiblemente el odio de los demonios hacia ti y hacia Dios. Si es así, pídele al Señor el discernimiento para identificar cualquier entidad mala trabajando en tu contra y para lidiar con la misma. Échala fuera de tu vida, tu hogar, tu iglesia, tu negocio y cualquier otro lugar conectado a ti.
- Satanás usará nuestra naturaleza carnal o "carne" en su intento por derrotarnos, porque la naturaleza carnal es el área en la cual toma lugar la tentación. Sin embargo, la carne no es lo mismo que el diablo, así que tenemos que lidiar con ella de manera diferente. Cuando aceptamos a Jesús, nuestro espíritu nace de nuevo, pero nuestra alma sólo es "rescatada" —ahora puede ser renovada, pero no está completamente transformada—. Desde el momento de nuestra salvación, debemos trabajar de continuo en su transformación. La naturaleza carnal es la combinación de nuestras pasiones impías, emociones pervertidas, malos pensamientos, testarudez y malos deseos. Muchos creyentes hoy están tratando de "echar fuera" la carne y "crucificar" al diablo. Lo han entendido al revés. Jesús venció al diablo y el pecado en la cruz, pero es nuestra responsabilidad crucificar la carne; nadie más puede hacerlo por nosotros. Cuando crucificamos la carne, nos sometemos al señorío de Jesucristo y dejamos de vivir en pecado. ¡Vivimos por la fe del Hijo de Dios! Por tanto, sométete a Dios por completo, ahora mismo, y aléjate de cualquier pecado al que te hayas estado aferrando. Haz esto diariamente. Luego, después de que hayas aprendido a vivir de esta manera, si todavía no puedes experimentar la victoria espiritual en un área en particular, debes sospechar de Satanás y sus demonios como la causa de tu problema y reprenderlos. Lleva a cabo las condiciones enumeradas antes de la "oración de activación", arriba, y

luego haz la oración. Recuerda, cuando les ordenas a los demonios que se vayan, no te obedecerán a menos que, primero, hayas crucificado tu carne en el área de la que los quieres expulsar —ya sea que los estés expulsando de ti mismo(a) o de otra persona—.

- Reprende al enemigo, derriba sus fortalezas y echa fuera demonios de la gente, en el nombre de Jesús, según la revelación y el discernimiento que recibas del Espíritu Santo.

ENCUENTROS CON EL REINO DE DIOS

Liberación de demonios luego de treinta años de posesión

La pastora Ellie Davidian era musulmana chiita devota, de Irán. Ella fue salva de manera maravillosa a través de un sueño en el cual Jesús se le presentó directamente. Ella y su esposo comenzaron a ministrar con pasión por alcanzar la comunidad musulmana; de hecho, su congregación se compone de musulmanes que han emigrado de Irán y que han sido salvos y liberados. Cuando la pastora Ellie comenzó a mirar el programa de TV del Apóstol Maldonado, de inmediato se identificó con su enseñanza acerca de las visiones y revelaciones, y el poder sobrenatural de Dios llevó su ministerio a otro nivel.

Varias semanas después de que la pastora Ellie recibiera las enseñanzas del Apóstol Maldonado acerca de la autoridad sobrenatural, una mujer llamada Suzanne, que estaba oyendo su programa de radio en Irán, fue radicalmente salva. Un par de semanas más tarde, Suzanne visitó a su tía y a su prima Elizabeth, quien había sido violentamente poseída por demonios, por los últimos treinta años. Elizabeth había perdido a su madre por un cáncer de seno cuando tenía cinco años de edad, y sus dos hermanas también habían muerto de lo mismo; así que su tía había tenido que criarla.

La gente apenas podía acercarse a ella porque era muy agresiva. Por ejemplo, cuando alguien trataba de darle una naranja, Elizabeth la arrebataba de la mano de la persona, gritando, y la mordía de inmediato sin siquiera pelarla. Su tía testificaba que aquella mujer destrozaba toda su ropa, las sábanas y almohadas. No soportaba una sola pieza de ropa encima, así que se cubría con mantas. Además, había estado orinándose encima por los últimos 25 años, así que el olor penetraba las paredes. Cuando Suzanne visitó a su tía, encontró a su prima encadenada con una cadena alrededor de la cintura, la cual estaba sujeta a un hoyo en la pared para impedir que lastimara a otra gente. La atmósfera allí estaba cargada de oposición espiritual.

Suzanne logró comunicarse con la pastora Ellie por teléfono celular y, por ese medio, la pastora Ellie le predicó a Elizabeth, quien comenzó a gritar. La pastora mandó a los demonios —espíritus de miedo y suicido— que salieran, en el nombre de Jesús. De repente, Elizabeth dejó de gritar. Entonces, la pastora Ellie le dijo a Suzanne: "Tú tienes la autoridad, en el nombre de Jesús, para continuar orando". Así que Suzanne comenzó a orar, cantar y adorar a Dios, y Elizabeth se calmó.

Luego de esto y por primera vez en treinta años, le quitaron las ataduras y cadenas a aquella mujer, y ella comenzó a comportarse de manera normal. Esa noche, se bañó por primera vez en dos décadas y media. Comió su cena calmada como cualquier otra persona, y durmió en una cama con su ropa puesta. La tía sintió tal alivio y agradecimiento por la liberación de su sobrina que comenzó a llorar y recibió a Jesús como su Salvador. La pastora Ellie había descubierto que tenía la autoridad a través de Jesús para echar fuera demonios de la gente poseída, y ¡comenzó a manifestar el poder de Dios en su territorio!

Estudio 7

El evangelio del reino proclamado en el "ahora"

"Y ellos, saliendo, predicaron en todas partes, ayudándoles el Señor y confirmando la palabra con las señales que la seguían. Amén".
—Marcos 16:20

Introducción

Qué mensaje predicó Jesús durante su ministerio en la tierra? Predicó *"el **evangelio del reino**"*; según el cual, iba *"sanando toda enfermedad y toda dolencia en el pueblo"* (Mateo 4:23).

La palabra griega traducida como *"evangelio"* es *euangélion*, que significa "un buen mensaje" (STRONG, G2098) o "buenas noticias" (NASC, G2098). ¡Es la buena noticia! Jesús trajo la buena noticia, pero fue una específica. Era la buena noticia del reino. El evangelio del reino que proclamamos debe estar alineado con lo que Dios está revelando hoy, no sólo con lo que ha revelado en el pasado. El evangelio del reino es lo que Jesús está haciendo a través de los creyentes, y de las iglesias y ministerios, en el ahora.

No podemos proclamar el evangelio del "aquí y ahora" sin la revelación presente de Dios. Algunas revelaciones son dadas para la manifestación de sanidad o liberación. Otras nos capacitan para tener un encuentro más profundo con Dios. Lo que debemos entender es que la revelación espiritual de nuestro Padre celestial no se puede manifestar en el mundo físico sin la asistencia del ser humano, porque así es como Dios diseñó que funcionara.

Preguntas de estudio

Parte I: El verdadero evangelio del reino es aquel que tiene poder y revelación

1. ¿Qué poder tiene el evangelio? (Romanos 1:16b)

____

2. (a) ¿Qué le maravilló al apóstol Pablo de la fe de los gálatas? Completar lo siguiente:

   Gálatas 1:6: *"Estoy maravillado* _______ _______ _______

   _______ _______ _______ _______

   del que os llamó por la gracia de Cristo, _______ _______ _______

   _______ _______".

   (b) ¿Cuál es la esencia del verdadero evangelio del reino, a través del cual el poder de Dios es activado? Completar lo siguiente:

   Gálatas 2:16a: *"...el hombre no es justificado por las obras de la ley, sino por* _______

   _______ _______ _______".

El poder de Dios no descansa en una personalidad, sino en la Verdad, que es la Palabra de Dios.

REFLEXIONES ACERCA DE LOS EVANGELIOS SUSTITUTOS

En la iglesia de hoy, hay diferentes tipos de "evangelio" con los cuales se ha reemplazado el evangelio del reino, trayendo como consecuencia versiones diluidas o resumidas, desprovistas de poder. Vamos a repasar los evangelios sustitutos más comunes. *El evangelio histórico*: una creencia en un Dios de la historia pero no en un Dios que está con nosotros hoy y que actuará poderosamente a nuestro favor. *El evangelio "futuro"*: Un "evangelio" que proclama el perdón de pecados para que una persona pueda ir al cielo cuando muera pero no dice nada acerca de reinar con Cristo en la tierra ahora, con la autoridad y el poder del dominio. *El evangelio social*: Un énfasis en el alivio de los problemas sociales como el hambre, la pobreza y la injusticia, pero sin buscar ni depender del poder sobrenatural de Dios, a través del cual la gente puede ser sana física, emocional y mentalmente, y que le da acceso a la provisión abundante de Dios, a su poder y fuerza. *El evangelio de la conformidad*: Un "evangelio" que no trata la raíz de la rebelión humana contra Dios ni desafía a la gente a cambiar, así que la deja en enfermedad, escasez, opresión y en una condición de estancamiento espiritual, incapaz de avanzar, aferrada a su pecado, sin nunca lograr recuperar su dominio. *El evangelio motivacional*: Un mensaje de "auto-ayuda" en el que la Palabra de Dios se habla sin poder, no se proclaman la cruz y tanto la resurrección de Jesús como lo sobrenatural están ausentes. Es un evangelio adaptado a lo que la gente quiere oír y no la confronta con el aspecto tan destructivo de su pecado, para no ofenderla. Las iglesias y ministerios que no predican el evangelio del reino producen un cristianismo complaciente. Precisamente, ésta es la razón por la que casi no vemos manifestaciones del poder de Dios en la iglesia.

La primera característica que distingue el evangelio del reino de los "evangelios" falsos e incompletos es la evidencia sobrenatural de la presencia y el poder de Dios.

---

3. (a) En los días de Samuel, el profeta, los israelitas estaban siendo descarriados por los hijos de Elí, el sumo sacerdote. (Ver 1 Samuel 2:22–24). ¿Cuál era la señal de la sequía espiritual en Israel? (1 Samuel 3:1b)

   ____

   (b) ¿Qué ocurre donde no hay revelación ("*profecía*") de Dios? (Proverbios 29:18a)

   ____

DEFINICIÓN CLAVE: En el Nuevo Testamento, "*revelación*" se traduce de la palabra griega *apokálupsis*. Tiene connotaciones de "aparecer", "venir", "iluminado", "manifestación", "ser revelado" (STRONG, G603); también significa "descubrir" (NASC, G602). La forma verbal, *apokalúpto*, significa "revelar", "dejar ver" (STRONG, G601) o "destapar" (NASC, G601). Una revelación de Dios es algo que era previamente desconocido para la persona que la recibe; siempre trae conocimiento nuevo o percepción para alumbrar o manifestar algo fresco.

La revelación es un fragmento del conocimiento de Dios que viene a nuestro espíritu en un instante, sin la necesidad de investigación previa, de acuerdo a la voluntad y el tiempo de Dios.

---

4. Entre los cinco "dones ministeriales" dados a la iglesia por Cristo, ¿qué dones son particularmente capaces de traer una revelación fresca de Dios para su pueblo? Completar lo siguiente:

   Efesios 4:11: "*Y él mismo* [Cristo] *constituyó a unos,* ______________________*; a otros,* ______________________*; a otros, evangelistas; a otros, pastores y maestros...*".

Cada movimiento de Dios comienza con una revelación divina.

Parte II: La revelación es para actuar en ella

5. (a) ¿Qué revelación expresó la mujer que sufría el continuo flujo de sangre con respecto a su sanidad? (Marcos 5:28)

   ____

   (b) ¿Qué acción tomó la mujer con base en esta revelación? (Versículo 27)

   ____

   (c) ¿Qué sucedió después, y qué le dijo Jesús a ella? (Versículos 29, 34)

   ____

   ____

   ____

6. (a) ¿Qué revelación de la autoridad y el poder de Jesús explicó el centurión como la razón por la que Jesús no necesitaba ir a su siervo para sanarlo de su parálisis? (Mateo 8:8b–9)

   ____

   ____

   ____

   ____

(b) ¿Qué declaración hizo Jesús acerca de la fe del centurión? (Mateo 8:10)

____

(c) Gracias al conocimiento revelado y la fe del centurión, ¿qué pasó con el siervo del centurión? (Versículo 13b)

____

Cada vez que Dios revela una verdad, somos activados para obedecerla y "apropiárnosla".

Parte III: Administradores de la revelación de Dios

7. (a) ¿Cómo recibió Pablo el evangelio que predicaba? (Gálatas 1:11–12)

____

(b) La revelación del misterio de Cristo —su venida a la tierra a morir por nuestros pecados y ser resucitado— ha sido mantenido en secreto por Dios desde que comenzó el mundo. ¿Qué dijo Pablo que había ocurrido con este misterio? Completar lo siguiente:

Romanos 16:25b–26a: "*...mantenido oculto desde tiempos eternos, pero* __________ ________ ____________ ________________________ ____________".

(c) ¿Cómo se refirió Pablo al mensaje del evangelio que proclamaba? Completar lo siguiente:

Romanos 16:25a: "*Y al que puede confirmaros según* _______ __________________ *y la predicación de Jesucristo...*".

"Nuestro" evangelio del reino es nuestra experiencia personal con lo que Dios ha hecho y sigue haciendo en nuestra vida.

(d) Además de la revelación directa de Dios, ¿sobre qué más debe basarse el fundamento de nuestra fe? Completar lo siguiente:

Romanos 16:26: "*...por* __________ __________________________ ________

__________ ____________________, *según el mandamiento del Dios eterno, se ha dado a conocer a todas las gentes para que obedezcan a la fe".*

8. Cada vez que recibimos una revelación o manifestación del poder de Dios, nos convertimos en sus cuidadores o administradores. ¿Qué se requiere de un administrador? (1 Corintios 4:2)

____

Predicar es proclamar la verdad de la Palabra de Dios. Testificar es compartir un conocimiento personal que viene como resultado de experimentar su Palabra y poder.

Parte IV: Predicar el evangelio con evidencia sobrenatural, en el ahora

9. (a) ¿Cuál dijo Jesús que sería una señal mayor de su regreso y del fin de los tiempos? (Mateo 24:14a)

____

(b) ¿Por qué razón debía ser predicado el evangelio? (Versículo 14b)

____

10. Juan el Bautista, después de que Herodes lo pusiera en prisión, envió dos discípulos a preguntarle a Jesús si Él era el verdadero Mesías. (Ver Mateo 11:2–3). ¿Qué le respondió Jesús para confirmarle que Él era el Mesías? (Mateo 11:5)

____

____

____

Donde no hay pruebas o evidencias sobrenaturales, no hay reino, sólo una teología abstracta.

11. ¿Con qué dio testimonio Dios, a través de los apóstoles, de que el mensaje de salvación de Cristo era verdad? (Hebreos 2:4)

____

12. (a) ¿De qué dos maneras dijo Pablo que Cristo había cumplido con la propagación del evangelio por medio de él? (Romanos 15:18b NVI)

____

(b) ¿Qué manifestaciones sobrenaturales fueron demostradas en el ministerio de Pablo, y por medio de qué poder vinieron? (Versículo 19a NVI)

____

(c) ¿Qué dijo Pablo que había logrado a través de lo que había dicho y hecho? Completar lo siguiente:

Romanos 15:19b (NVI): "*He* ______________ _______ ______________

_______ ____________________ _______ ______________...".

El evangelio del reino no puede separarse de la salvación de almas, sanidad de los cuerpos y expulsión de demonios.

Parte V: Principios de nuestra comisión de reino

- **Principio Nº 1: Estamos empoderados para ir y proclamar el evangelio del reino, ahora**

13. (a) ¿Qué comisión les dio Jesús a sus seguidores? (Mateo 28:19–20a)

____

____

____

(b) ¿Cuál es la primera palabra "del mandato" en Mateo 28:19?

____

(c) Recuerde lo que pasó cuando los apóstoles *"saliendo, predicaron en todas partes"* (Marcos 16:20a). (Versículo 20b)

____

Las señales y evidencias sobrenaturales están garantizadas para los que "van".

- **Principio Nº 2: La cosecha está lista ahora**

14. (a) Jesús les dijo a sus discípulos que los *"campos"* espirituales de las almas *"ya están blancos para la siega"* (Juan 4:35). ¿Qué dijo de la condición de la cosecha y del estado de los obreros? (Lucas 10:2a NVI)

____

(b) ¿Por qué dijo Jesús que debíamos orar? (Versículo 2b NVI)

____

(c) ¿Cuál es la voluntad de Dios para la gente del mundo? (2 Pedro 3:9b)

____

La mayor pasión de Dios es ver a cada persona en el mundo —que ahora son más de siete billones— salva, llena del Espíritu Santo y viviendo en santidad.

- **Principio Nº 3: Debemos ir y evangelizar a nuestro propio "etnos" ¡y más allá!**

15. (a) ¿A quién fue primero el discípulo Andrés a anunciar que había hallado al Mesías (Jesús)? (Juan 1:41)

____

(b) ¿Qué hizo luego Andrés? (Juan 1:42)

____

DEFINICIÓN CLAVE: La palabra *"naciones"* en Mateo 28:19 — *"Id, y haced discípulos a todas las naciones"*— se traduce de la palabra griega *etnos,* de la cual se deriva la palabra en español *étnico. Etnos* significa "una raza (del mismo hábito), ej., tribu" con la implicación de "nación" o "pueblo" (STRONG, G1484).

REFLEXIONES ACERCA DE IR A NUESTRO "ETNOS"

La gente que pertenece a un grupo étnico en particular, o *etnos,* generalmente habla el mismo lenguaje y tiene las mismas creencias, maneras de pensar, valores y tradiciones, entre otras características compartidas. Del mismo modo, una clave para desarrollar una nación (*etnos*) es la cultura —gente que se reúne porque tiene estándares, costumbres y prácticas en común—. Dentro de las naciones, también hay subgrupos de gente, basados en sus intereses, necesidades y/o vocaciones. Cada uno de ellos puede considerarse un "etnos", también. Algunos de estos subgrupos etnos son: política y gobierno, religión, comunicaciones, negocios, educación, ciencia, tecnología, medicina, economía, deportes, entretenimiento y artes, leyes y justicia.

Nuevamente, cada etnos tiene su propia mentalidad y "lenguaje" o terminología. Debemos identificar en qué etnos participamos, para que juntos, como iglesia, podamos llevar el evangelio a todos los etnos del mundo. Debemos comenzar donde estamos, en nuestras "Jerusalén y Judea" —nuestra propia familia, comunidades y lugares de empleo— y expandir desde allí. (Ver Hechos 1:8).

Pero esto no es todo lo que la iglesia está llamada a hacer. Yo creo que en estos últimos tiempos, el evangelismo se acelerará con el poder sobrenatural de Dios, para que los creyentes puedan cruzar de un etnos a otro y alcanzar más gente para Cristo. Jesús es nuestro mejor modelo para cumplir este propósito. Él interactuaba con la gente de diversos estratos y trasfondos sociales, como líderes religiosos, cobradores de impuestos, prostitutas, médicos, empresarios y centuriones romanos. Él llevó la demostración visible y tangible del poder de Dios al rico y al pobre, al judío y al gentil, al hombre, a la mujer, a los jóvenes y a los niños. La iglesia de hoy necesita ser versátil, soltarse de sus limitaciones y extenderse hacia fuera, en el Espíritu. Yo creo que la iglesia debe convertirse en multi-racial y multi-cultural, y reunir a los diferentes etnos. El reino de Dios no se trata de una raza, nacionalidad o cultura específica; incluye todas las razas, tribus, naciones y etnicidades.

16. (a) Cuando el apóstol Pablo, que era judío, y sus compañeros llegaron a un ciudad a predicar el evangelio, ¿dónde solían ir para comenzar a evangelizar? (Hechos 9:20; 13:5, 14:1; 17:10; 19:8)

____

(b) Pablo no evangelizó sólo a su propio etnos judío. ¿A qué grupos lo había llamado Dios para que fuera a proclamar el evangelio, un llamado que se cumplió en su vida? (Hechos 9:15)

____

(c) El ministerio de Pablo en Corinto brinda un ejemplo de la manifestación de su llamado. Identifica algunos de los que se convirtieron en esa ciudad. (Hechos 18:8)

____

La evangelización en el Siglo XXI demanda que los cristianos sean capaces de cruzar de un etnos a otro por medio de lo sobrenatural.

Conclusión

El evangelio del reino tiene gran poder. Es el poder de Dios para salvación, en todas sus manifestaciones de redención, sanidad y liberación. Jesús vino a redimirnos del pecado, a sanar al enfermo, a liberar a los cautivos, a sanar al quebrantado de corazón y a llevarle prosperidad al pobre. Debemos hacer que todos sepan que el reino está entre nosotros, ¡aquí y ahora!

El poder sobrenatural de Dios nos capacitará para alcanzar al mundo entero con el evangelio. Pero no nos será posible completar nuestra misión si no ministramos donde se encuentra la gente. No tienes que esperar a que tu pastor te imponga las manos, te unja y te envíe como misionero para salir a testificar de Jesús. Tú puedes testificar de Él hoy, en tu vida diaria; mientras trabajas en la oficina, comes en un restaurante, vas a un evento deportivo, estás de compras en un centro comercial, sentado en un teatro o disfrutando de tus vacaciones, ¡dondequiera que vayas!

Dios busca obreros comprometidos y apasionados que llevarán el mensaje de su reino a sus propios etnos y más allá. La mies está lista, mas los obreros son pocos. ¿Empezarás a proclamar el evangelio y a testificar lo que Jesús ha hecho por ti? Dios te está llamando a decidirte, ¡ahora mismo! Cuando lo hagas —mientras vas— Él confirmará su Palabra por medio de señales, milagros y maravillas.

Oración de activación

Padre celestial, te pedimos que derrames tu poder sobre nosotros, ahora mismo. Actívanos y danos pasión por las almas para que alcancemos a la gente en nuestro propio etnos y más allá, de modo que les llevemos salvación y liberación. Mientras vamos, ¡confirma el evangelio de tu reino con señales, milagros y maravillas! En el nombre de Jesús, amén.

Pasos para la acción

- "Tu" evangelio de reino es tu experiencia personal con lo que Dios ha hecho y hace en tu vida. Nadie puede compartir lo que Dios está haciendo en ti, día a día, como tú mismo, porque tú lo vives de primera mano. Piensa cómo Jesús te salvó, sanó tu cuerpo, transformó tu mente, restauró tu familia, te suplió provisión financiera, te trajo paz, gozo, justicia y mucho más. Testifica de las obras de Dios en tu vida a alguien, ¡todos los días!
- ¿Has estado viviendo de acuerdo al evangelio del "aquí y ahora" o has vivido de acuerdo al evangelio histórico, el evangelio futuro, el evangelio social, el evangelio de conformismo o el evangelio motivacional? ¿Estás produciendo evidencias sobrenaturales que prueban que Jesús vive hoy? ¿Se están sanando los enfermos? ¿Se están salvando las almas? La gente, ¿está siendo liberada de aflicción y opresión mental y emocional? Pídele al Espíritu Santo que escudriñe tu corazón y te revele las respuestas a estas preguntas. Si has estado viviendo un evangelio incompleto o sustituto, pídele perdón a Dios por medio de Cristo. Luego, acepta el desafío de vivir el verdadero evangelio del reino. Descansa en la Palabra de Dios y en el Espíritu Santo para manifestar el mensaje de la resurrección de Cristo de manera poderosa, trayendo salvación, sanidad y liberación.

ENCUENTROS CON EL REINO DE DIOS

Una vida restaurada a través de un testigo en su "etnos"

Octavio Fernández nació en la República Dominicana y fue jugador de Béisbol en las ligas mayores durante 18 años. Él cuenta: "Mis logros incluyen cuatro veces ganador del Guante de Oro de la Liga Americana, una vez de la serie del Campeonato Mundial, y cinco veces como *All Star*. Si bien fui criado por padres creyentes, podría decir que también eran bastante religiosos. Mis hermanos y yo no podíamos involucrarnos en actividades tales como deportes o ir al cine, porque todo era 'pecado'. Yo quería servir a Cristo, pero también quería disfrutar mis años de adolescente, especialmente jugando deportes. Así que oré para que Dios me bendijera con una carrera de beisbolista, y le prometí que a cambio yo bendeciría a su pueblo y a mis padres. Me convertí en una estrella a muy temprana edad y quise disfrutar la vida. Mientras tanto, mis padres oraban constantemente por mí. A pesar de todo el éxito, y para mi sorpresa, mi corazón estaba vacío. Con el tiempo, me lesioné la mano severamente y tuve que parar de jugar. ¡Eso fue devastador para mí! Durante ese tiempo, el Señor tocó a uno de mis compañeros de juego para que me predicara; pero mi mano sanó y volví a jugar. Me fue muy bien y dejé a Dios para más adelante. Todos, excepto mi *manager*, estaban maravillados de lo bien que estaba jugando. Eso hería mis sentimientos, porque yo quería su aprobación también. Había un vacío en mi corazón, y el béisbol ya no era mi pasión. Necesitaba algo real, algo mejor.

"Entonces, mi amigo me llevó a la capilla de béisbol, donde le di mi corazón a Jesús. No sé cómo explicarlo, pero sentí que una pesada carga se había levantado de mi alma, y de inmediato quise compartir el gozo que sentía por dentro. El odio, los malos sentimientos, el resentimiento, la amargura y más comenzaron a salir de mí. También estoy agradecido con mi compañero de equipo porque Dios lo usó para llegar a mí. Antes, siempre quería ser perfecto en cada juego; si no rendía a ese nivel, me enojaba conmigo mismo y la gente me malentendía. Pero ahora me había vuelto más tolerante conmigo mismo. La mayor transformación sucedió luego de unirme al Ministerio El Rey Jesús. Mis relaciones matrimonial y familiares estaban en 'terapia intensiva' y el enemigo estaba a punto de destruirnos por completo. Así que clamé a Dios por ayuda, orando de madrugada, como nuestros padres espirituales nos enseñan. Definitivamente, puedo decir que la sanidad interior ha tomado lugar y la restauración ha comenzado en todos los aspectos de nuestra vida. Familia, ministerio, amistades… ¡todo ha sido restaurado! Hoy, las trivialidades ya no me molestan. Mi nivel de seguridad, fundado en mi nueva identidad, es mucho más alto que antes. Ahora puedo decir que ¡soy una nueva criatura en Cristo Jesús!"

Estudio 8

La restauración de lo sobrenatural en la iglesia

"El que en mí cree, las obras que yo hago, él las hará también; y aun mayores hará, porque yo voy al Padre".
—Juan 14:12

Introducción

La iglesia nació en lo sobrenatural, por medio de la resurrección de Cristo y el poder del Espíritu Santo derramado en Pentecostés. Los milagros, señales y maravillas establecieron y confirmaron las enseñanzas y doctrina de la iglesia. Los cristianos del Nuevo Testamento vivían una vida sobrenatural, mientras el poder del reino hacía que la iglesia primitiva se multiplicara. Hoy, la iglesia parece haber perdido su vida y poder, pero Dios ha comenzado a restaurar lo sobrenatural a creyentes, iglesias y ministerios en particular que han abierto sus corazones para recibirlo. Su deseo es llenar toda su iglesia con su presencia y poder.

El evangelio del reino es sobrenatural porque trae el cielo a la tierra. Si vamos a proclamar este evangelio en su plenitud, como tratamos en el estudio previo, debemos tener un entendimiento de lo sobrenatural, para que podamos reconocerlo y caminar en él.

Preguntas de estudio

Parte I: Los principios de lo sobrenatural

- **Principio Nº 1: Lo sobrenatural es la naturaleza de Dios mismo**

1. (a) Como repaso, ¿cuál es la naturaleza esencial de Dios? (Juan 4:24a)

____

(b) Dios no depende del ámbito natural del tiempo, el espacio y la material para existir, ni necesita nada ni a nadie para sustentarlo. Él tiene vida en sí mismo y de sí mismo; es el Creador de todas las cosas. ¿Qué dijo Dios cuando se le reveló a Moisés, una declaración por la cual podemos entender que Él vive en el eterno "ahora"? (Éxodo 3:14a)

____

(c) ¿Qué otras maneras usa Dios para describirse a sí mismo? Completar lo siguiente:

Apocalipsis 1:8: "*Yo soy el Alfa y la Omega,* ____________________________

____________, *dice el Señor, el que es y que era y que ha de venir,* __________

______________________________".

DEFINICIÓN CLAVE: La palabra griega traducida como "*Todopoderoso*" en Apocalipsis 1:8 es *pantokrátor,* que significa "el gobernante sobre todo, eso es, Dios como soberano absoluto y universal" (STRONG, G3841), "todopoderoso" (NASC, G3841) o "gobernante de todo" (VINE, G3841).

(d) Algunos creyentes tratan a Dios Padre como si tuviera la misma mentalidad y capacidades finitas que un ser humano caído. ¿Cuáles son algunas de las declaraciones que hacen las Escrituras acerca de esta perspectiva? (Números 23:19)

____

____

____

Lo sobrenatural o espiritual es la forma en que Dios existe.

DEFINICIÓN CLAVE: *Sobrenatural* se deriva del prefijo *sobre,* que significa "por encima" o "arriba", y el sustantivo *naturaleza.* Por lo tanto, vivir en lo sobrenatural significa vivir por encima, más allá o fuera del ámbito natural. Si bien la palabra *sobrenatural* no aparece en la Biblia, el concepto es demostrado a través de ella en los milagros, señales y maravillas que Dios realizó, los cuales reflejan quién es Él y qué es capaz de hacer. Los términos y frases bíblicas como "espiritual", "reino de los cielos", "reino de Dios", "no de este mundo" y "omnipotente", todos se refieren a nuestro Dios sobrenatural y a su ámbito sobrenatural.

- **Principio Nº 2: Lo sobrenatural gobierna sobre lo natural**

2. (a) ¿Qué escribió Pablo acerca de la omnipotencia de Jesucristo, a través de quien y por quien todas las cosas fueron creadas, *"en los cielos y… en la tierra, visibles e invisibles"* (Colosenses 1:16)? (Versículo 17)

   ____

   (b) ¿Con qué, Dios Hijo (Jesucristo), hace que las cosas subsistan? (Hebreos 1:3a)

   ____

Lo sobrenatural es el impacto e influencia del mundo espiritual sobre la creación física y su interacción con la misma.

---

3. (a) Enumera algunas maneras en las que Dios gobierna sobre el mundo natural, influencia a la gente e interactúa con ella. (Daniel 2:21–22a)

   ____

   ____

   ____

   (b) ¿Qué les dijo Pablo a los atenienses que Dios nos da? (Hechos 17:25b)

   ____

   (c) ¿Qué ha determinado Dios para las naciones del mundo? (Versículo 26b)

   ____

(d) ¿Por qué razón ha hecho lo anterior? (Versículo 27 NVI)

___

- **Principio Nº 3: Lo sobrenatural es realidad, no idolatría, magia o superstición**

4. ¿Con qué les dijo Pablo a los atenienses que no debía compararse la naturaleza de Dios? (Hechos 17:29b)

___

5. (a) Lee Hechos 8:5–24. ¿Qué le maravilló a Simón el mago? (Versículo 13b)

___

(b) Cuando Simón vio que el Espíritu Santo le era dado a los creyentes a través de la imposición de las manos de los apóstoles, ¿qué hizo y dijo? (Versículos 18b–19)

___

___

(c) ¿Por qué Pedro condenó el pedido de Simón? (Versículo 20b)

___

(d) ¿Qué percibió Pedro que era la razón de que Simón tuviera una actitud falsa y pecaminosa hacia el poder sobrenatural de Dios? (Versículo 23)

___

Lo sobrenatural es la verdad revelada en la dimensión física. Si se remueve la verdad, Dios es, esencia, también removido, dejando sólo una ilusión.

- **Principio Nº 4: Lo sobrenatural no tiene limitaciones**

6. ¿En qué medida le dio Dios el Espíritu Santo a Jesús —la misma medida que está disponible para los creyentes, por medio de Él—? (Juan 3:34b NVI)

___

7. ¿Cuánto durará el reino de Dios? (Apocalipsis 11:15b)

____

Los milagros de Dios sobrepasan los hechos naturales, la razón, la lógica y el tiempo.

- **Principio Nº 5: Lo sobrenatural aumentará su manifestación en la tierra**

8. (a) ¿Qué dijo Jesús que haría por la persona que lo amara y le demostrara ese amor guardando sus mandamientos? Completar lo siguiente:

   Juan 14:21b: "*Yo* ________ ______________, *y* ________

   ________________ ______ ________."

   (b) ¿Qué dijo Jesús que haríamos si creyéramos en Él? (Juan 14:12)

   ____

Donde terminó el ministerio de Jesús en la tierra, comenzó la vida y el ministerio de la iglesia.

9. (a) ¿Cómo describió Pedro las manifestaciones sobrenaturales relacionadas con los últimos días cuando citó una profecía del Antiguo Testamento dada por medio de Joel? (Hechos 2:18–20a)

   ____

   ____

   ____

   (b) ¿Cómo debemos responder a las señales sobrenaturales del tiempo final? (Marcos 13:7a)

   ____

(c) ¿Qué don de Jesús capacita a sus seguidores para responder como se indica arriba? (Juan 14:27a)

___

Parte II: La oposición a lo sobrenatural

Uno de los términos para Satanás es *"adversario"* (1 Pedro 5:8). Él se opone a Dios y a sus propósitos de forma directa pero también sutil. Una de sus estrategias es tentar y atacar a la iglesia para que ignore o rechace lo sobrenatural, reduciéndola a ser simple una institución natural. Vamos a ver dos maneras a través de las cuales él hace esto.

- **A través del espíritu del anticristo**

10. (a) Enumera algunas de las verdades que el espíritu del anticristo niega. (1 Juan 2:22; 1 Juan 4:3a)

___

___

(b) Juan escribió acerca de *"muchos anticristos"* que operaban desde dentro de la iglesia pero que entonces *"salieron"* de ella. (Ver 1 Juan 2:18–19). ¿Qué nos protege del espíritu del anticristo para que permanezcamos en la verdad? (1 Juan 2:20)

___

(c) Estos *"muchos anticristos"* tenían las mismas características de otra gente que resistía la verdad, a quienes Pablo mencionó. ¿Cómo los describió? (2 Timoteo 3:5a NVI)

___

<u>DEFINICIÓN CLAVE</u>: La palabra griega para *"Cristo"* es *Jristós*, que significa "ungido"; designa al Mesías (STRONG, G5547). El prefijo *anti*, en *anticristo* significa "contra". La meta suprema del enemigo es reemplazar al verdadero Cristo en la vida de la gente con uno falso. Si no puede entrar a la iglesia por la puerta del frente, entonces traerá gente con un espíritu de anticristo o sustitutos de Cristo por la puerta de atrás. El verdadero Cristo es El Ungido que tiene el poder sobrenatural del Espíritu Santo. (Ver Lucas 4:18–19). No podemos separar a Cristo de la unción o el poder que recibió de Dios; si Él no hubiera tenido esta unción hubiera sido un falso Mesías. De manera similar, "la unción" es un término que usamos para referirnos a la revelación y poder de Dios que recibe un creyente en el Espíritu Santo.

La religión es una forma o apariencia de piedad, sin poder.

- **A través de la mentalidad griega**

La "estructura del pensamiento griego" es una perspectiva basada solamente en el razonamiento y la lógica humanos, que excluye la fe y lo sobrenatural.

11. (a) ¿Qué dijo Pablo para advertir a los colosenses acerca de la mentalidad griega? (Colosenses 2:8 RVC)

____

____

____

(b) ¿Qué ha hecho Dios con la sabiduría de este mundo? (1 Corintios 1:20b)

____

____

(c) ¿Qué es Cristo para aquellos que son llamados por Dios? (Versículo 24b)

____

(d) ¿Cómo podemos desmantelar los restos de mentalidad griega que todavía influencian nuestros pensamientos y acciones? (2 Corintios 10:5)

____

____

Lo imposible se funda en la razón y se establece sobre la lógica.

Parte III: Por qué necesitamos lo sobrenatural

- **Lo sobrenatural manifiesta la evidencia de la existencia de Dios y lo revela en el "ahora"**

12. (a) Cuando Jesús envió a sus doce discípulos a predicar el evangelio, ¿cuál fue la evidencia correspondiente, de la inmediata presencia y poder de Dios, que les dio para que manifestaran —similar al patrón escritural que dimos en lecciones anteriores de este estudio Bíblico—? (Lucas 9:1b)

    ____

    (b) ¿Qué acciones tomaron los discípulos a continuación? (Versículo 6)

    ____

    (c) El apóstol Pedro levantó de la muerte a una mujer llamada Dorcas, una creyente fiel, revelando así el poder de la resurrección de Dios, en el "ahora". ¿Cómo reaccionó la gente de la aldea de Jope, de donde era Dorcas, cuando supo lo que había pasado? (Hechos 9:42b)

    ____

- **Lo sobrenatural establece el fluir de la vida de Dios en nosotros**

13. (a) ¿Cómo podemos mantener el flujo de la vida de Jesús en nosotros para que podamos llevar fruto sobrenatural para Dios? (Juan 15:5b)

    ____

    (b) ¿Qué oró el apóstol Juan por los creyentes a quienes les escribía en su tercera epístola? (3 Juan 1:2)

    ____

Cuando un creyente se estanca espiritualmente,
es porque lo sobrenatural ha dejado de fluir en él.

- **Lo sobrenatural trae aceleración**

14. (a) ¿Qué ilustraciones de la cosecha usó Dios para describir las bendiciones y fructificación que Él traería a su pueblo? (Amós 9:13a)

____

(b) La iglesia primitiva comenzó con 120 seguidores de Jesús. ¿Cuántos creyentes se sumaron a la iglesia el día de Pentecostés cuando el evangelio fue proclamado junto con el derramamiento del Espíritu y las señales sobrenaturales? (Hechos 2:41)

____

(c) ¿Cuál fue el número total de hombres que creyeron después de que Pedro y Juan sanaron al hombre que había sido cojo de nacimiento, y que Pedro le predicó a la multitud que se reunió, proclamando que Jesús se había levantado de la muerte? (Hechos 4:4)

____

(d) Dado que los apóstoles hacían muchas señales y maravillas entre el pueblo y que la iglesia funcionaba en unidad, ¿cuántos hombres y mujeres que *"creían en el Señor"*, aumentaba más y más? (Hechos 5:14b)

____

- **Lo sobrenatural vence lo imposible**

15. (a) Haz un contraste entre la incapacidad natural del ser humano para salvarse a sí mismo con la capacidad sobrenatural de Dios para salvarlo. Completar lo siguiente:

Marcos 10:27: *"Para los hombres es imposible, mas para Dios, no; porque* ____________

__________ ________________ __________ ______________________ *para Dios".*

(b) Después de la muerte de Lázaro, Jesús mandó a quitar la piedra que sellaba su tumba. Marta, la hermana de Lázaro, dijo: *"Señor, hiede ya, porque es de cuatro días"* (Juan 11:39). ¿Cuál fue la respuesta de Jesús? (Versículo 40)

____

Cuando lo sobrenatural está presente, el fruto espiritual no sólo es posible, es inevitable.

- **Lo sobrenatural nos capacita para vivir victoriosos en nuestro tiempo**

16. (a) ¿Quién puede vencer al mundo? (1 Juan 5:4a, 5)

    ____

    (b) ¿Cuál es la victoria que ha vencido al mundo? (Versículo 4b)

    ____

    (c) ¿Qué declaración hizo Pablo acerca de vivir victoriosamente en medio de las circunstancias cambiantes de la vida? (Filipenses 4:13)

    ____

Conclusión

Dios está restaurando *"todas las cosas"* en la iglesia, incluyendo lo sobrenatural, en preparación para la restauración suprema que vendrá con la segunda venida de Jesús. (Ver Hechos 3:21). Hay algunas palabras clave en Hechos 3:19–21 que nos ayudarán a entrar a los planes de restauración de Dios. Primero, ¿qué necesitamos para experimentar esta restauración? *"**Arrepentíos** y convertíos, para que sean borrados vuestros pecados..."* (Hechos 3:19a). Luego, ¿qué recibiremos como consecuencia de nuestro arrepentimiento? *"... para que vengan de la presencia del Señor tiempos de **refrigerio**"* (Hechos 3:19b).

El refrigerio espiritual viene por el Espíritu Santo y se manifiesta como avivamientos, derramamiento del Espíritu, fuego sobrenatural de Dios, la *shekiná* (manifestación visible de la gloria de Dios), gozo, risa y otros fenómenos espirituales. Pero mucha gente, cuando recibe el refrigerio, lo considera como un fin en sí mismo; lo disfruta pero no comparte el poder y la presencia de Dios que ha experimentado. Por ejemplo, no ministra a otra gente lo que ha recibido de la unción de Dios y de su gloria, cuando el refrigerio espiritual es un paso hacia el objetivo final: extender el reino de Dios en el mundo y traer el mensaje de salvación a cada persona en la tierra.

Por eso es que cada uno de nosotros debe tomar la decisión de expandir el reino sobrenatural de Dios. Entendiendo esto, vamos a...

- Reconocer al Dios Todopoderoso como un Ser sobrenatural que está por encima de la razón y el mundo natural.
- Renunciar a las influencias del espíritu del anticristo y al énfasis exagerado de nuestra cultura sobre la mentalidad griega.

- Arrepentirnos de haber aceptado que los sustitutos de lo sobrenatural reinen en nuestra vida, familia y ministerio.
- Reconocer nuestra necesidad de lo sobrenatural y pedirle a Dios que nos llene con su presencia y poder.
- Comprometernos a caminar en lo sobrenatural, no como un hecho aislado sino como un estilo de vida.

¡Juntos, como iglesia, vamos a proclamar el evangelio del reino, sanar al enfermo, liberar al cautivo, levantar a los muertos y manifestar los diferentes dones del Espíritu Santo, demostrando así al Cristo real y vivo al mundo!

Oración de activación

Padre celestial, tu Hijo Jesús fue el pionero de la restauración de lo sobrenatural en la tierra. Te pedimos que ahora nos actives a nosotros, como miembros de su cuerpo, para que seamos los pioneros que continúen su ministerio sobrenatural en este mundo. Empodéranos para vencer las imposibilidades, para hacer las "mayores obras" que Jesús dijo que haríamos porque Él volvía a ti, Padre. Haz señales y maravillas por medio de nosotros como evidencia de tu existencia y como revelaciones de tu presencia y poder, aquí y ahora, para que las multitudes de hombres y mujeres se agreguen a tu reino. ¡En el nombre de Jesús, amén!

Pasos para la acción

- Lo sobrenatural no funcionará en nuestra vida si no vivimos en obediencia a Dios. Por ejemplo, podemos creer que Jesús nos ha sanado, pero al mismo tiempo, podemos esconder falta de perdón hacia alguien. (Ver, por ejemplo, Mateo 6:14–15). Si tu mentalidad y comportamiento son contrarios a los caminos de Dios, aunque sea en un área de tu vida, debes arrepentirte y recibir su perdón. Entonces, sigue buscándolo, pidiéndole que manifieste su poder sobrenatural en ti y a través de ti.
- Aprende a fluir en lo sobrenatural siguiendo estos pasos: (1) Pídele a Dios un rompimiento del ámbito natural. Un rompimiento ocurre cuando recibimos una revelación de Él o cuando vemos o experimentamos una demostración visible de su reino y poder. Por lo tanto, comienza a "*caminar por fe, no por vista*" (2 Corintios 5:7). Pídele a Dios que derrame su espíritu en tu vida y te dé un rompimiento. (2) Espera lo sobrenatural. Lee Hechos 3:1–8, poniendo especial atención en el versículo 5 y en los resultados de la expectativa del hombre cojo, que fueron más de lo que él había pedido. (3) Responde a lo sobrenatural. Cada vez que Dios manifiesta o revela una parte de su conocimiento

o sabiduría, nuestra responsabilidad es responderle. Debemos desatar nuestra fe en su presencia para capturar lo sobrenatural. (Ver Hebreos 11:6). ¿En qué área es tu imposibilidad? ¿Es en las finanzas, la salud o en una relación familiar? Cree que lo sobrenatural invade tu situación, ahora mismo, y recibe el poder de Dios. (4) Busca a Dios, constantemente, en oración y ayuno. La revelación y el poder vienen de buscarlo y de ser uno con Él en el Espíritu. (Ver Colosenses 4:2; Mateo 17:14–21). (5) Busca revelación progresiva. Sin una revelación continua y progresiva de Dios no podemos funcionar en el ámbito espiritual ni manifestar su reino en la tierra, porque su reino es sobrenatural en todo sentido. La revelación progresiva de Dios nos lleva "*de gloria en gloria*". (Ver 2 Corintios 3:18).

ENCUENTROS CON EL REINO DE DIOS

Un milagro de provisión financiera

No hace mucho tiempo, uno de los médicos de nuestra congregación, el Dr. Gamal, estaba pasando por una situación económica difícil, porque su esposa había perdido su trabajo y, además, acababan de tener un bebé. Sin embargo, él dio un paso de fe y decidió acompañarme a un viaje misionero a Sudamérica, donde tuvimos una conferencia de lo sobrenatural. Él pagó todos sus gastos con mucho esfuerzo, confiando en la provisión de Dios. Durante el viaje, vimos milagros maravillosos, pero el Dr. Gamal se sintió impactado de manera especial cuando vio que el dinero comenzó a aparecer en las billeteras y carteras de la gente, sobrenaturalmente. Ésta fue una manifestación del derramamiento del Espíritu Santo para provisión sobrenatural.

El Dr. Gamal se puso de acuerdo con su esposa, que estaba viendo la conferencia desde Miami a través de nuestra página en Internet, y juntos comenzaron a declarar que, si este tipo de milagros ocurría allá, podía pasar con ellos también. La misma semana que el Dr. Gamal regresó a Miami, le pidió a su esposa que le trajera los ahorros que tenían, porque debía pagar algunas cuentas. Cuando ella iba a buscarlos, él oraba en la sala: "Señor, tú prometiste que viviríamos en abundancia". Cuando su esposa abrió la cajita que contenía los ahorros, quedó asombrada al ver la cantidad de dinero que contenía. Sacó los billetes y comenzó a contarlos; mientras contaba, dio un grito que llenó la casa. Cuando volvió a la sala con la caja y el dinero en las manos, le preguntó a su esposo cuánto dinero había dejado cuando sacó el dinero para el viaje. Él le dijo: "1.200 dólares". Y ella respondió: "¡Hay $11.200!". Había una diferencia de $10.000, que el Señor había suplido. El Dr. Gamal recuerda: "Ambos saltamos de gozo, alabando a Dios por un milagro tan espectacular". Para él y su familia, el sacrificio de invertir en el viaje misionero, usando todo lo que tenían y pasar a depender totalmente de Dios, había valido la pena. ¡La presencia manifiesta de Dios produjo un milagro en sus finanzas!

Estudio 9

Un dominio de reyes y sacerdotes

"Mas vosotros sois linaje escogido, real sacerdocio, nación santa,
pueblo adquirido por Dios, para que anunciéis las virtudes de aquel que os llamó de las tinieblas a su luz admirable".
—1 Pedro 2:9

Introducción

Como ciudadanos del reino de Dios, no somos sólo residentes de su ámbito; somos reyes y sacerdotes bajo la autoridad de Cristo, nuestro Rey y Sumo Sacerdote. (Ver Apocalipsis 1:5–6; 5:9–10). Nuestro doble papel describe el dominio de la tierra que Dios nos dio. Dios siempre quiso que sus hijos desarrollaran una relación cercana e íntima con Él y que, a la vez, cumplamos su propósito, como sus instrumentos escogidos para la expansión del reino en el mundo. En este estudio, descubriremos cómo quiere Dios que cumplamos nuestro ministerio de reyes y sacerdotes, aquí y ahora.

Preguntas de estudio

Parte I: La conexión pacto-reino

1. (a) ¿Qué les dijo Dios a los israelitas que serían para Él si obedecían su voz y guardaban su pacto? (Éxodo 19:5b–6a)

____

____

(b) En el Nuevo Testamento, ¿qué afirmación similar se hace con referencia a la iglesia, debido al sacrificio de Jesús en la cruz y la sangre del nuevo pacto? Completar lo siguiente:

Apocalipsis 1:5b–6a: *"Al que nos amó, y nos lavó de nuestros pecados con su sangre,*

y _________ ____________ ___________ ____ _______________

_________ ___________, _________ ______________...".

2. Si vivimos en obediencia a Dios, al amparo del nuevo pacto en Cristo, ¿cuál será nuestra posición espiritual? (Deuteronomio 28:13a)

____

Parte II: El ministerio sacerdotal de Cristo

No podemos gobernar efectivamente como reyes si antes no hemos aprendido a servir como sacerdotes. Para hacer esto, debemos entender que nuestro ministerio sacerdotal refleja el de Cristo.

3. ¿Cómo llamó a Jesucristo el escritor de Hebreos? Completar lo siguiente:

Hebreos 3:1: "*...considerad al* _______________ *y* ___________

____________________ *de nuestra profesión, Cristo Jesús".*

4. En el Antiguo Testamento, los sacerdotes funcionaban de acuerdo con el orden de Aarón, el primer sumo sacerdote bajo la ley, y sus descendientes y sucesores. Sin embargo, el nuevo pacto en Cristo necesitaba un nuevo orden de sacerdotes. ¿De acuerdo a qué orden es el sacerdocio eterno de Jesucristo? (Hebreos 5:6b)

____

DEFINICIÓN CLAVE: *Melquisedec* viene del nombre hebreo *Malki-Tsedéc*, que significa "rey de lo justo" (STRONG, G3198, H4442) o rey de "rectitud" o "justicia" (NASC, H6664). En el Antiguo Testamento, Melquisedec era el *"rey de Salem"* y *"sacerdote del Dios Altísimo"* a quien Abraham le dio los diezmos de todo lo que tenía. (Ver Génesis 14:18–19).

REFLEXIONES ACERCA DEL SACERDOCIO DE CRISTO

Melquisedec era una tipología o anuncio de Cristo Jesús, el Rey verdadero, quien es también nuestro Sumo Sacerdote. Los dos oficios, que operaron juntos en Melquisedec, fueron separados en Israel bajo la ley de Moisés: el reinado fue dado a la tribu de Judá, y el sacerdocio fue investido sobre la tribu de Leví.

En Cristo Jesús, el reinado y el sacerdocio fueron unidos, una vez más. Jesús sirvió como Rey y Sacerdote en la tierra, y fue exaltado a lo sumo, por Dios Padre, como Rey de reyes y Señor de señores, después de su muerte y resurrección. Sobre la base de este sacerdocio, Jesús ofreció el pan y el vino durante la Última Cena con sus discípulos, como símbolo de su cuerpo y su sangre, que serían presentados a Dios como sacrificio vivo. (Ver, por ejemplo, Mateo 26:26–29). Él ofreció oraciones, intercesión y a sí mismo (ver Hebreos 5:7; 9:14) a su Padre celestial, por medio del Espíritu Santo, constituyéndose como el Sacerdote que ministró el sacrificio, y el Sacrificio mismo. Después de hacer expiación por nosotros, entró al Lugar Santísimo en el cielo, en nuestro lugar y como nuestro intercesor (ver Hebreos 6:19–20), para que ahora nosotros también podamos entrar a la presencia de Dios.

El sumo sacerdote del Antiguo Testamento era el mediador entre Dios y los hombres. Jesús ha estado mediando por la iglesia como su Sumo Sacerdote por más de dos mil años, y es nuestro Sumo Sacerdote hoy. Su obra sigue activa porque nadie puede acercarse, comunicarse o traer ofrendas a Dios sin la mediación del Sumo Sacerdote. Por lo tanto, dependemos totalmente de Cristo. (Ver Hebreos 7:24–25; 8:6).

Parte III: El papel de sacerdote del reino de Dios, en el ahora

Los papeles de sacerdote y rey siempre van interconectados. Los creyentes que gobiernan y ejercen dominio sobre la tierra han aprendido a servir como sacerdotes del Dios Todopoderoso. Este ministerio sagrado opera en la presencia de Dios —el Lugar Santísimo celestial— donde se encuentra su trono. Nosotros somos miembros del sacerdocio espiritual de Dios y nuestras responsabilidades se centran en ofrecer *"sacrificios espirituales"* (1 Pedro 2:5) a Él. Vamos a ver algunos actos de sacrificio espiritual que debemos cumplir como sacerdotes en el reino de Dios.

- **Presentar nuestro cuerpo en sacrificio vivo**

5. (a) ¿Qué tipo de sacrificio vivo deberíamos ser? Completar lo siguiente:

Romanos 12:1: "*...que presentéis vuestros cuerpos en sacrificio vivo,* ______________,

______________________ _____ ___________, *que es vuestro culto racional*".

(b) ¿Por medio de quién debemos ofrecer nuestros sacrificios para que sean agradables a Dios? (1 Pedro 2:5b)

____

(c)¿Qué debemos hacer además de ofrecernos a Dios como sacrificio vivo? (Romanos 12:2a)

____

____

(d) Cuando hacemos eso, ¿qué "comprobamos"? (Versículo 2b)

____

El concepto neo-testamentario de un sacerdote es "aquel que presenta sacrificios espirituales a Dios".

REFLEXIONES ACERCA DE SER UN SACRIFICIO VIVO

Dado que el sacrificio de Jesús fue completo cuando ofreció su cuerpo en la cruz, y dado que Él ya hizo la obra de redención, reconciliación y restauración, lo único que nos queda por hacer es ofrecer nuestros cuerpos en sacrificio vivo a Dios. El altar en el que sacrificamos no es un objeto; más bien, es nuestro corazón, y el sacrificio, nosotros mismos.

Presentar nuestro cuerpo a Dios es un acto simple y práctico; no hay nada místico en eso. Significa que, desde hoy en adelante, rendiremos nuestro cuerpo al servicio de Dios. Ya no ofreceremos nuestro cuerpo a las drogas, al sexo ilícito o placeres carnales egoístas, sino que viviremos para los propósitos eternos, haciendo la voluntad buena y perfecta de Dios. Esto quiere decir que uno de los beneficios de presentar nuestro cuerpo al Señor y renovar nuestra mente es hacer la voluntad de Dios en nuestra vida.

- **Ofrecer sacrificios de alabanza y adoración**

6. (a) ¿Por qué debemos ofrecer alabanza a Dios? (Salmos 145:3a NVI)

____

(b) ¿Qué tan seguido debemos ofrecer sacrificio de alabanza a Dios, por medio de Jesucristo? (Hebreos 13:15a)

Si adoramos a Dios sólo de acuerdo a nuestros sentimientos, no hemos aprendido a alabarlo.

- **Hacer el bien y compartir con otros**

7. (a) ¿Cómo dijo Jesús que debíamos tratar a los demás? (Lucas 6:35a)

(b) ¿Qué sucederá si les damos a los demás de diversas maneras? (Versículo 38a)

(c) Hebreos 13:16 se refiere a hacer el bien y compartir siendo "*sacrificios*" con los que "*se agrada Dios*". ¿Qué le sucederá a la persona que es "*generosa*" con los demás? ¿Qué le pasará a la persona que "sacia" a los demás? (Proverbios 11:25 NVI)

Dios nos empoderará en las áreas que le rindamos a Él.

- **Presentar regalos y ofrendas materiales a Dios**

8. (a) El sumo sacerdote, bajo la ley de Moisés, presentaba tanto sacrificios como regalos a Dios de parte del pueblo, que la gente había provisto de sus propios recursos. (Ver Hebreos 5:1). ¿Cuáles son algunos de los sacrificios y regalos materiales que debemos presentarle a Dios, y que son suyos? (Malaquías 3:8b)

(b) Una vez, estando en el templo, Jesús vio a una viuda pobre poniendo dos blancas, o moneditas, al tesoro. ¿Qué afirmación hizo Él acerca de aquella contribución, comparada con la de los que eran ricos? (Lucas 21:3–4)

____

____

____

(c) ¿Qué indicaciones nos proveyó el apóstol Pablo con respecto al dar? (2 Corintios 9:7a)

____

(d) ¿A qué tipo de "*dador*" ama Dios? (Versículo 7b)

____

Las ofrendas monetarias presentadas por los creyentes son los sacrificios de adoración a Dios.

- **Ofrecer oración e intercesión**

9. (a) El ministerio actual de Cristo en los cielos como Sumo Sacerdote incluye interceder por nosotros. (Ver Hebreos 7:25b). Del mismo modo, cuando cumplimos nuestro ministerio como sacerdotes ante Dios, ¿qué clase de pedidos y memorias debemos hacer en lugar de "*todos los hombres*", incluyendo a líderes nacionales y todos los que están en autoridad? (1 Timoteo 2:1)

____

(b) En Mateo 6:9–13, Jesús les enseñó a sus discípulos a orar, dándoles un "patrón" que incluye los elementos esenciales de la oración. Las palabras "*nuestro*" y "*nosotros*" en esta oración indican que debemos hacer estas peticiones en conjunto con otros creyentes, y no sólo para nuestra propia vida. Escribe qué debemos pedir corporativamente, siguiendo el ejemplo a continuación:

Versículo 9: que la gente "santifique" o reverencie el nombre de Dios

Versículo 10: ____

Versículo 11: ____

Versículo 12: ____

Versículo 13a: ____

10. ¿Qué cuatro designaciones usó Pedro al referirse a los creyentes, reflejando nuestro ministerio sacerdotal ante Dios? (1 Pedro 2:9a)

____

Los intercesores gobiernan en la tierra desde el ámbito espiritual.

Parte IV: El papel de rey en el reino de Dios, en el ahora

El "territorio" de nuestro "reino" asignado, o esfera de influencia, puede ser nuestra familia, nuestro negocio, nuestra comunidad, nuestro ministerio, otro ámbito de la vida o una combinación de algunos de los anteriores. Pero, más allá del tamaño de nuestros territorios, somos reyes sobre ellos, y debemos "extender nuestra vara" y comenzar a gobernar, de acuerdo a la guía y poder del Espíritu Santo.

- **Gobernar con la vara de autoridad en Cristo**

11. (a) ¿Qué anuncia Salmos 110, que Dios Padre hará por su Hijo Jesús? (Versículo 2a)

____

(b) A continuación de este anuncio, ¿qué decreto le dio el Padre al Hijo? (Versículo 2b)

____

DEFINICIÓN CLAVE: En los tiempos bíblicos, una vara era "un signo de autoridad, por ende, un cetro"[2]. La vara representa la autoridad de un rey. Después de que Jesús resucitó, ascendió y se sentó en su trono en los cielos, nos dio autoridad para usar su "vara" sobre las naciones y para extender su reino, cumpliendo nuestro propósito y los planes del Padre. (Ver, por ejemplo, Mateo 28:18–20). Nosotros gobernamos de acuerdo a la vara de autoridad de Cristo para expandir el reino de Dios y hacer retroceder el reino de las tinieblas, en todas sus formas.

(c) Indica la "vara de autoridad" que Jesús les ha dado a los creyentes para que puedan salvar, sanar y liberar a otros. Completar lo siguiente:

Marcos 16:17–18: "[Jesús dijo:] *Y estas señales seguirán a los que creen:* ________ ________ __________________ *echarán fuera demonios; hablarán nuevas lenguas; tomarán en las manos serpientes, y si bebieren cosa mortífera, no les hará daño; sobre los enfermos pondrán sus manos, y sanarán*".

(d) Hechos 3:1–9 hace un recuento de la sanidad del hombre cojo por mano de Pedro y Juan. ¿Cuál explicó Pedro que fue el medio por el cual el hombre cojo recibió *"completa sanidad"*? (Hechos 3:16a)

____

La autoridad está en el nombre escrito en la vara, pero no tiene utilidad hasta que se ejerce.

- **Gobernar a través de la oración**

Gobernar por la oración es una de las maneras en que los papeles de rey y sacerdote se superponen. El verdadero poder en el ámbito espiritual lo activan aquellos que saben orar para establecer el reino de Dios y hacer que su voluntad se cumpla en sus comunidades y naciones.

12. (a) En el Nuevo Testamento, leemos cómo las oraciones de los creyentes gobernaron sobre una situación de persecución, ¡aun cuando ni ellos sabían cuán efectivas podían ser! ¿Qué hicieron los creyentes cuando el apóstol Pedro fue puesto en prisión por el rey Herodes, poco después de que el rey hubiera matado a Jacobo, el hermano de Juan? (Hechos 12:5b)

____

2. *The Zondervan Pictorial Bible Dictionary*, Merrill C. Tenney, gen. ed. (Grand Rapids, MI: Zondervan Publishing House, 1967), "Rod," 726.

(b) ¿A quién mandó Dios para liberar sobrenaturalmente a Pedro de la prisión, donde estaba encadenado y vigilado por cuatro escuadras de soldados? (Hechos 12:7–11)

____

(c) ¿Cómo reaccionaron los creyentes cuando Pedro apareció de repente en el lugar donde se habían reunido a orar por él? (Versículo 16b)

____

(d) Poco después, Herodes se sentó en su trono y dio un discurso al pueblo de Tiro y Sidón, el cual le gritó: "*¡Voz de Dios, y no de hombre!*" (Ver versículos 21–22). ¿Qué le pasó a Herodes, y por qué? (Versículo 23)

____

____

(e) ¿Qué sucedió con la Palabra de Dios después de este incidente? (Versículo 24)

____

Ahora, vamos a explorar tres principios con relación a gobernar a través de la oración.

Principio de oración Nº 1: Nuestras oraciones deben estar basadas en las Escrituras

13. (a) La voluntad de Dios está escrita en su Palabra. ¿Qué confianza podemos tener en Dios cuando le pedimos algo en oración? (1 Juan 5:14b)

____

(b) ¿Qué tenemos si sabemos que Dios oye nuestras oraciones? (Versículo 15b)

____

Principio de oración Nº 2: Nuestras oraciones deben responder a una jréma o palabra revelada del Espíritu Santo, aquí y ahora

14. (a) ¿Qué jréma recibió el profeta Elías con respecto a la lluvia en Israel, la cual le dio al rey Acab, como proclama del juicio de Dios por la idolatría y la maldad de los israelitas? (1 Reyes 17:1b)

____

(b) Una verdadera jréma no contradirá la Palabra escrita de Dios. Más bien, la Biblia la avalará y las manifestaciones sobrenaturales la confirmarán. ¿Con qué advertencia, en la ley de Moisés, estaría familiarizado Elías como confirmación de la palabra jréma que recibió? Completar lo siguiente:

Deuteronomio 11:16–17: "*Guardaos, pues, que vuestro corazón no se infatúe, y os apartéis y sirváis a dioses ajenos, y os inclinéis a ellos; y se encienda el furor de Jehová sobre vosotros, y* ______________ __________ ________________, ______ ______ ____________ ______________, *ni la tierra dé su fruto, y perezcáis pronto de la buena tierra que os da Jehová*".

(c) Después de tres años y medio sin lluvia, ¿qué nueva palabra le dio el Señor a Elías? (1 Reyes 18:1b)

____

(d) ¿Qué jréma correspondiente le dio, luego, Elías a Acab? (Versículo 41)

____

(e) El episodio anterior nos da un ejemplo de cómo el pueblo de Dios ha ejercido su gobierno a través de la obediencia a su palabra y en oración. El cumplimiento de la jréma de arriba requirió oración concentrada de parte de Elías. (Ver versículos 42–44). ¿Cuál fue el resultado final? (Versículo 45)

____

(f) ¿Qué ánimo nos da el apóstol Santiago de que Dios puede obrar a través de nosotros para hacer su voluntad, tal como obró por medio de Elías? Completar lo siguiente:

Santiago 5:17a: "*Elías era un hombre* ________________ ______

______________________ ________________________ _______ ___________

____________________".

(g) ¿Qué clase de oración puede mucho? (Santiago 5:16b)

____

Principio de oración Nº 3: Nuestras oraciones deben ser empoderadas por el Espíritu Santo

15. (a) En Hechos 4:23–30, Pedro, Juan y sus compañeros oraron juntos, pidiéndole a Dios que les diera denuedo para hablar su palabra, y que sanara e hiciera señales y maravillas en el nombre de Jesús. ¿Cuál fue el resultado? (Versículo 31)

____

____

(b) ¿De qué otras maneras respondió su oración el Espíritu Santo? (Hechos 5:12a, 14, 16b)

____

____

____

16. ¿Cómo nos ayuda el Espíritu Santo en nuestras debilidades? (Romanos 8:26b, 27b)

____

____

Conclusión

El mundo está esperando que vayamos y demostremos que nuestro Rey supremo y Sumo Sacerdote, Jesucristo, vive hoy y que somos reyes y sacerdotes del reino de Dios. La gente necesita que le mostremos soluciones prácticas para sus dificultades y que manifestemos el poder y la autoridad que tenemos en Cristo para gobernar las obras del diablo, para probar que el evangelio del reino no es simple teología, teoría o palabras, sino que el poder de Dios puede salvarla, sanar sus aflicciones y liberarla de la esclavitud.

Querido amigo(a), yo te desafío a que tomes tu lugar en el reino como sacerdote del Dios Todopoderoso y como rey sobre el territorio que Él te ha dado. Desde tu posición en Cristo, sentado con Él en lugares celestiales, gobierna con autoridad, en el nombre de Jesús; ya sea en tu hogar, negocio, ministerio, iglesia, vecindario, ciudad o nación. Desde ese lugar, lleva el reino de Dios de justicia, paz y gozo a la tierra, expandiendo su reino y manifestando sus milagros, señales y maravillas para destruir las obras del diablo y ¡desterrar el reino de las tinieblas!

Oración de activación

Espíritu Santo, te pedimos que ilumines los ojos de nuestro entendimiento para que podamos comprender nuestro llamado como reyes y sacerdotes de Dios, bajo nuestro Rey supremo y Sumo Sacerdote, Jesucristo. Padre celestial, te presentamos nuestro cuerpo a ti en sacrificio vivo. Nos ponemos en tus manos. Haz con nosotros lo que te plazca, y envíanos donde sea que quieras que vayamos. Te daremos nuestra alabanza, diezmos y ofrendas. Empodéranos al servir a los demás e interceder por ellos, para que podamos conocerte y ser libres de pecado, culpa y opresión. Tomamos tu vara de autoridad y comenzamos a usarla, ahora mismo. ¡Úngenos para expandir tu reino en la tierra, hoy! Danos la gracia para cumplir con nuestras responsabilidades como reyes y sacerdotes delante de ti, ofreciendo sacrificios agradables y gobernando de acuerdo a tu voluntad y tu Palabra. ¡Amén!

Pasos para la acción

- Como la extensión del ministerio de Jesús, quien vive *"siempre para interceder por* [nosotros]" (Hebreos 7:25), debemos hacer de la oración e intercesión por otros, una prioridad. ¡Qué honor y privilegio ser sacerdotes del Dios viviente! Muchos de los incontables planes y propósitos de Dios no se pueden cumplir hasta que los demos a luz en oración. Vamos a alinear nuestras oraciones con las oraciones de Cristo. Vamos a orar por la expansión del reino de Dios en la tierra y por la salvación de las almas, tanto como por otras necesidades espirituales. Pídele al Espíritu Santo que ore a través de ti, de acuerdo a la voluntad de Dios. (Ver Romanos 8:26–27).
- Como gobernante del reino, comienza a usar tu vara de autoridad con el nombre de Jesús. Demuestra su reino con milagros, señales, maravillas y la expulsión de demonios. Ejerce gobierno en tu propio ambiente. Toma autoridad sobre la enfermedad en tu cuerpo, escasez en las finanzas, depresión en tu alma, y todo ataque de Satanás. Recuerda que tú eres ungido y que Dios te ha dado la autoridad para hacer esto. ¡Usa

la vara, ahora mismo! Ella tiene el poder para liberarte a ti, a tu esposo(a), a tus hijo naturales y espirituales, tu ministerio, tu empresa, tu comunidad y aun tu nación.

ENCUENTROS CON EL REINO DE DIOS

Una sanidad milagrosa de cáncer de tiroides y daño neuronal

En Venezuela, una doctora llamada Betty Martínez fue diagnosticada con un tumor canceroso en la glándula tiroides de dos centímetros y medio (cera de una pulgada) de largo, y tuvo que pasar por dos cirugías. La primera, mostró que el cáncer había hecho metástasis en los nódulos linfáticos de su cuello. La segunda, que debía tomar sólo una hora y media, duró ocho horas, debido a ciertas complicaciones. Las cirugías no produjeron los resultados deseados, y lo que fue peor, algunos nervios en la espina dorsal de la Dra. Betty se habían visto afectados. Debido a esto, no podía levantar su brazo izquierdo y estaba perdiendo rápidamente la sensibilidad del lado izquierdo de su cara. Pasó sesiones torturantes de terapia que la dejaban sintiéndose terrible y de las que le tomaba largo tiempo recuperarse. Para empeorar las cosas, le aparecieron tres tumores más. ¡Necesita otra cirugía y más quimioterapia!

La Dra. Betty dijo: "¡Dios mío! ¡No voy a poder soportarlo!". Su corazón falló, y tuvo un paro cardíaco. Una vez recuperada de este ataque, mientras se preparaba para la siguiente cirugía, la invitaron a una Casa de Paz (un ministerio de evangelismo y compañerismo en las casas), afiliada al Ministerio El Rey Jesús, y le dijeron que le iban a ministrar sanidad. A lo que ella respondió: "Tengo que verlo para creerlo". Pero, ya que estaba cansada de estar enferma y sin encontrar solución médica para su condición, aceptó la invitación.

Todo el grupo de la Casa de Paz se unió en oración por ella, y el poder de Dios la envolvió por completo. Ella sintió los tres tumores nuevos desaparecer ¡al instante! ¡Su gozo era rebosante! Su vida fue transformada por completo, tanto que ahora ella les testifica a sus pacientes y ora por ellos en su oficina. Además, les predica a sus colegas con su testimonio personal. Muchos médicos están viniendo al Señor a través de ella y están impartiendo lo que reciben a sus pacientes. ¡Están sucediendo milagros espectaculares! Por ejemplo, pacientes con cáncer y gente en terapia intensiva están siendo sanados por el poder de Dios.

¿Podemos gobernar sobre nuestras circunstancias hoy? ¡Claro que sí! Somos reyes con la autoridad y el poder de Dios para tomar dominio. ¡Recibe esta palabra por fe! Debemos aprender a gobernar sobre la enfermedad y sobre todo mal a través de la oración.

Estudio 10

La fe, la moneda del reino

"Porque por fe andamos, no por vista".
—2 Corintios 5:7

Introducción

La fe es para el reino de Dios lo que la moneda es para una nación. En los últimos años, las monedas más fuertes del mundo han ido perdiendo su valor, el poder de compra ha fluctuado y mucha gente se siente financieramente insegura. Sólo el reino de Dios es inconmovible. Su moneda siempre está fuerte, y nos permite adquirir todo lo que necesitamos del ámbito eterno.

"Sin fe es imposible agradar a Dios" (Hebreos 11:6), y si no agradamos a Dios no obtendremos nada de su reino. Por supuesto, la fe no es lo único que agrada a Dios; también lo hacen la obediencia, la santidad, la reverencia, la adoración, ayuno y oración, pero ninguna de ellas tiene valor si no se practican con fe. Si vamos a recibir lo que hay en la eternidad, debemos entender qué es la fe, cómo funciona y cómo caminar en ella.

Preguntas de estudio

Parte I: Dónde se origina la fe

1. ¿Cómo se describe la fe en las Escrituras? (Hebreos 11:1)

____

DEFINICIÓN CLAVE: La palabra *"fe"* en Hebreos 11:1 se traduce del vocablo griego *pístis,* entre cuyos significados están "creencia", "convicción moral (de verdad religiosa o de la veracidad de Dios o de un maestro religioso), especialmente confianza en Cristo para salvación", "seguridad", "credo", "fe" y "fidelidad" (STRONG, G4102). *Pístis* viene de la raíz *peídso,* que significa "persuadir" y "tener confianza" (NASC, G3982). Cuando nos movemos en el ámbito espiritual, no hay evidencia natural tangible;

operamos por el discernimiento espiritual interno más que por prueba física o entendimiento intelectual.

2. ¿Cómo llega la fe a nosotros? (Romanos 10:17)

____

Dios nos dio fe como una vía que va del mundo invisible al mundo visible.

3. La Palabra de Dios alimenta nuestro espíritu y llena nuestra vida con una atmósfera de fe por la cual podemos experimentar la vida de resurrección de Cristo y el poder para edificar su reino. ¿Qué verdad afirma Jesús al respecto? (Mateo 4:4)

____

____

4. ¿Qué le ha "repartido" o dado Dios a cada creyente para su servicio particular a Él? (Romanos 12:3b)

____

REFLEXIONES ACERCA DE NUESTRA MEDIDA DE FE

Esta medida de fe que recibimos es una porción de la propia fe de Dios, que es sobrenatural. En Marcos 11:22, Jesús les dijo a sus discípulos: "*Tened fe en Dios*". Una traducción más literal de esta frase es "Tened la fe de Dios". Jesús nos estaba diciendo que Dios nos da una porción de la fe que le pertenece a Él. Por lo tanto, todos comenzamos nuestra vida cristiana con una medida de fe potente en mano.

Debemos aprender esta verdad espiritual indispensable: La fe se origina en el cielo, y opera desde allí, por encima y más allá del mundo natural. Por eso, para tener fe debemos nacer del Espíritu de Dios, lo cual nos da acceso al ámbito celestial. (Ver Juan 3:1–8). Es imposible nacer de nuevo y no ser activado en lo sobrenatural.

5. Cuando Jesús declaraba sana a una persona o mandaba a los demonios a soltar a alguien, no había demora alguna entre la palabra de sanidad o liberación y su manifestación. ¿Sobre qué base realizaba Jesús sus milagros —lo cual debería ser un modelo para nuestra fe—? Completar lo siguiente:

   Juan 5:19: *"Jesús... les dijo: ...No puede el Hijo hacer nada por sí mismo, sino* ______

   ______ ______ ______ ______ ______*; porque todo lo que*

   el Padre hace, ______ ______ ______ ______ ______

   ______*"*.

Cristo operó en una fe revelada, aquí y ahora. Cada milagro que Él hizo fue en el "ahora".

---

6. (a) A través de nuestras palabras, "gastamos" nuestra fe o "la ponemos en circulación" en la tierra. Cada vez que hablamos, activamos in intercambio espiritual. ¿Qué dijo el escritor de Proverbios que está en *"poder de la lengua"*? (Proverbios 18:21a)

   ______

   (b) ¿Qué tipo de palabra deberíamos "poner en circulación", y por qué? (Efesios 4:29b)

   ______

   ______

   (c) Enumera algunos tipos de "palabras" —ya sea apuntadas o dadas directamente por el Espíritu Santo— por las que los creyentes pueden edificarse unos a otros. (1 Corintios 14:26)

   ______

7. ¿Qué verdad bíblica debemos abrazar para poder "gastar" la moneda de la fe de manera efectiva? (Lucas 1:37)

   ______

La fe está anclada en el ámbito invisible, el cual es superior a todo lo visible. Cuando declaramos algo por fe, desde la eternidad, lo traemos a la existencia.

REFLEXIONES ACERCA DE CONFESAR LA PALABRA DE DIOS

Nosotros hacemos transacciones usando la moneda espiritual del reino de Dios, declarando su Palabra en fe. Debemos hacer de esto una práctica de vida. Sin embargo, permíteme advertirte que no confundas la fe con el acto de confesar las promesas de Dios. En la iglesia de hoy, la fe muchas veces se vuelve una fórmula, por lo que muchos cristianos tienden a creer que hallarán solución a sus problemas simplemente repitiendo versículos bíblicos. Así, la fe se reduce a la "confesión positiva" más que algo activado por la Palabra *"viva y eficaz"* de Dios. (Ver Hebreos 4:12). Recuerda que confesar lo que Dios ha dicho alimenta nuestra fe, pero no es la fe en sí misma.

No podemos pensar como Dios a menos que poseamos "conocimiento" interno.
La fe "ve" lo invisible, cree lo increíble y recibe lo imposible.

Parte II: Cómo vivir y moverse en la fe del "ahora"

Dios quiere movernos a la dimensión de la fe que es aquí y ahora, por milagros, señales, maravillas y aceleración en el avance de su reino. Vamos a examinar los pasos para vivir y movernos en la fe del "ahora".

- **Operar tu fe desde un lugar de justicia**

8. (a) ¿Quién vivirá por su fe? (Romanos 1:17b; Habacuc 2:4b)

   ____

   (b) En el evangelio, ¿cómo se revela la justicia de Dios? Completar lo siguiente:

   Romanos 1:17a: "*...la justicia de Dios se revela* ____________ ____________ ______

   ____________ ____________."

La ley de la justicia hace la fe operante; la injusticia la vuelve inoperante.

- **Vivir por fe, no por vista**

9. (a) Dios determina el propósito de algo antes de crearlo, y lo termina en la eternidad antes de comenzarlo en la tierra. ¿Qué declara Dios de acuerdo con esta realidad? Completar lo siguiente:

Isaías 46:10a: "*...que anuncio* ______ ________ ____________

____________ _____ ________________, *y* ____________ ______

________________________ ______ __________ __________ ________

_________ ____________..."

(b) ¿Cómo heredamos las promesas de Dios? (Hebreos 6:12b)

____

REFLEXIONES ACERCA DE VIVIR POR FE

2 Corintios 5:7 dice: "*Porque por fe andamos, no por vista*". La palabra "*vista*" representa las limitaciones de nuestro medio ambiente natural, nuestro alrededor, circunstancias, dificultades, obstáculos, enfermedad, carencia, imposibilidades y más. Tales cosas son opuestas a la fe. Para levantarnos por encima de todo eso, debemos "ver" una realidad diferente y adquirir una nueva perspectiva. Si nuestros pensamientos están consumidos por una situación dura, un problema u obstáculo, no estamos viviendo por fe. El mundo natural es inestable, inseguro y temporal, pero Dios no cambia. Cuando vivimos por fe y no por vista, nuestra realidad ya no depende de nuestro ambiente o circunstancias sino de su realidad eterna, y nos convertimos en todo lo que Él nos ha llamado a ser.

La fe es un continuo caminar sobrenatural con Dios, en el ahora.

- **Levantarse por encima de la razón humana por medio del Espíritu y la Palabra**

10. ¿Cuáles son algunos de los medios por los que el Espíritu Santo nos capacita para levantarnos por encima de la razón humana de modo que podamos vivir en el ámbito de la fe? Completar lo siguiente:

Juan 16:13: "*Pero cuando venga el Espíritu de verdad,* ________ _________

_____________ _____ __________ ______ _____________; *porque no hablará por su propia cuenta, sino que hablará todo lo que oyere, y* ______ _________

__________ ________ ____________ _______ ____________ ________

__________."

11. (a) ¿Qué da la *"exposición"* de las palabras de Dios? (Salmos 119:130)

____

(b) ¿Cuáles son algunas de las utilidades de las Escrituras *"inspiradas por Dios"*? (2 Timoteo 3:16b NVI)

____

La fe es la habilidad de creer lo que la razón encuentra sin sentido.

- **Renunciar al espíritu de religión**

12. (a) La religión esclaviza a la gente levantando fortalezas mentales para prevenir que la revelación de Dios entre a su corazón y a su mente. Como resultado, a menudo se vuelve legalista. ¿Qué pueden hacer, poderosamente, nuestras armas espirituales, incluyendo la armadura de Dios? (2 Corintios 10:4b NVI)

____

(b) Nosotros nos podemos levantar por encima del espíritu de religión de la misma manera que nos levantamos por encima de la razón y la lógica humana, preparando el camino para una fe aumentada. Para repasar, ¿cómo hacemos esto? (Versículo 5)

____

____

Todo aquello a lo que nos conformamos se convertirá en nuestra realidad y mentalidad.

- **Caminar continuamente en el conocimiento revelado de Dios**

13. (a) Debemos leer y/u oír regularmente grabaciones de las Escrituras para alimentar nuestro espíritu y nuestra fe, capacitándonos para recibir el conocimiento revelado de Dios y caminar en él. De acuerdo con esta necesidad, ¿qué le dijo el salmista a Dios que haría —prácticas que nosotros también deberíamos realizar—? (Salmos 119:15–16)

____

____

(b) Como el salmista, ¿qué deberíamos orar cuando leemos la Palabra de Dios? (Versículo 18)

____

(c) Debemos no sólo aprender y entender la Palabra de Dios y recibir la revelación del Espíritu Santo, sino también aplicar en fe lo que hemos aprendido, entendido y recibido. ¿Qué oró el salmista de acuerdo con esto? (Versículos 33–34)

____

____

____

La fe se basa en el conocimiento. Las únicas partes de la Biblia que funcionarán para nosotros son aquellas que conozcamos.

- **Pararse firme en la verdad de Dios, no en hechos**

14. ¿Qué dijo Jesús que pasaría si permanecíamos en su Palabra, y por tanto conocíamos la verdad? (Juan 8:32)

____

15. Escribe algunas verdades de la Escritura en las que nos podemos parar, si estamos viviendo en obediencia a la Palabra de Dios en vez de los "hechos" de las diferentes situaciones:

(a) El hecho es una enfermedad. ¿Cuál es la verdad de la Escritura? (Isaías 53:5b)

____

(b) El hecho es la escasez en las finanzas. ¿Cuál es la verdad de la Escritura? (Filipenses 4:19)

____

____

(c) El hecho es depresión. ¿Cuál es la verdad de la Escritura? (Isaías 61:3a)

____

____

____

(d) El hecho es que nuestras dificultades nos están desgastando. ¿Cuál es la verdad de la Escritura? (2 Corintios 4:16–18a)

____

____

____

____

____

La verdad es lo único que puede desafiar los hechos porque es el nivel más alto de realidad y opera más allá de los hechos. Los hechos son temporales, pero la verdad es eterna.

- **Mantener el ritmo de tu fe**

Como hemos visto, cada vez que recibimos revelación fresca, debemos ponerla en práctica y experimentarla. Esto nos ayuda a mantener el "ritmo" continuo de nuestra fe. De otra manera, nuestra fe se detendrá, y la Palabra de Dios se anulará en nuestra vida, porque estará más allá de nuestro nivel de obediencia. Una forma importante para crecer espiritualmente y mantener el ritmo de nuestra fe es añadir virtudes espirituales, con diligencia, por medio del poder del Espíritu Santo.

16. (a) Enumera las virtudes espirituales que deberíamos adquirir progresivamente, comenzando con la fe. (2 Pedro 1:5b–7)

____

(b) ¿Cuál será el resultado de abundar en estas virtudes? (Versículo 8)

____

- **Ejercitar tu fe a través del amor**

17. (a) ¿Qué es lo que realmente *"vale"* en nuestra relación con Dios? (Gálatas 5:6b)

____

____

DEFINICIÓN CLAVE: La palabra griega traducida como *"obra"* en Gálatas 5:6 es *energeo*, que significa "ser activo, eficaz" (STRONG, G1754), o "trabajar, hacer" (NASC, G1754). Mientras la justicia hace a la fe operante, el amor la energiza y la activa. La fe obra por el amor porque éste funciona de acuerdo al carácter de Dios. La fe que no nace del amor es como címbalo que retiñe, puro ruido sin sustancia. (Ver 1 Corintios 13:1).

(b) ¿Qué fue derramado en nuestro corazón cuando Dios nos dio el Espíritu Santo, llevándonos a vivir de acuerdo a la realidad espiritual de Gálatas 5:6? Completar lo siguiente:

Romanos 5:5: *"Y la esperanza no avergüenza; porque* ________ ______________ _______

____________ *ha sido derramado en nuestros corazones por el Espíritu Santo que nos fue dado".*

Cada milagro y sanidad que Jesús realizó fue motivado por la compasión.

Conclusión

Si nos conformamos a lo que dice el mundo natural, lo aceptaremos como si fuera la última palabra, y éste nos gobernará. Cuando tales pensamientos se establecen en nuestro corazón, no podemos recibir lo sobrenatural, y nos convertimos en un imán para la enfermedad, la pobreza, la escasez, depresión y dolor. Debemos establecer en nuestro corazón la verdad que supera la realidad temporal para que podamos recibir, en el ahora, todo lo que Jesús proveyó para nosotros en la cruz.

Dios te diseñó para que fueras salvo(a), justo(a), santo(a), con paz, gozoso(a), bendecido(a), saludable, libre, próspero(a) y mucho más. No tienes que esperar algún día, en el futuro, para ser salvo, sano y próspero. La fe es "ahora" para dar soluciones prácticas a los problemas que enfrentamos cada día. Pero también tenemos que ejercitar la fe intencionalmente a diario. La religión puede haberte desactivado de la fe genuina, pero hoy, como apóstol de Dios, te re-activo en la fe de Dios para recibir revelación y milagros, ahora mismo. Rechaza la tradición vacía y la religión y sigue siendo transformado(a) por la renovación de tu mente a la vez que ¡arrebatas la verdadera fe!

Oración de activación

Tal vez, has estado ejercitando tu fe y has visto el poder de Dios en alguna medida, pero quieres entrar en la dimensión de la fe del aquí y ahora, para revolucionar tu medio ambiente. Yo te invito a repetir la siguiente oración en voz alta:

> Padre celestial, confesamos que Jesucristo es nuestro Señor y Salvador. Creemos que está sentado a tu diestra, que nosotros estamos sentados con Él en lugares celestiales, y que hemos recibido una medida de tu fe. A partir de hoy, viviremos y caminaremos en lo sobrenatural de Dios. Tenemos el acceso legal al ámbito invisible y lo sobrenatural es normal para nosotros porque tenemos tu perspectiva, en la que todo es posible. Las señales, milagros y maravillas son nuestro estilo de vida. Por la fe traemos tu reino a la tierra. ¡Llamamos el ámbito eterno al ámbito físico! Sanamos al enfermo, echamos fuera demonios, hablamos palabras proféticas, liberamos a los cautivos y predicamos el evangelio del reino con poder. Padre, sabemos que tú nos das la gracia para hacer todo esto, en el nombre de Jesús. ¡Amén!

Pasos para la acción

- Establece una práctica diaria de leer la Biblia y/o escuchar la Escritura grabada.
- Comprométete a usar, ejercitar e invertir tu fe. Comienza creyendo por cosas pequeñas. Dale a tu fe una asignación específica. Por ejemplo, cree por una pequeña cantidad de dinero, la sanidad de un dolor de cabeza o algo más que necesites. Si tu fe es madura, ve más allá de estas peticiones pequeñas y ora por la salvación de las almas, la transformación de los corazones, milagros creativos, liberación, contratos comerciales ganaciosos, la multiplicación de los dones del Espíritu Santo, el favor sobrenatural con gente en autoridad y más. Lo más importante es que vivas por tu fe y la ejercites de continuo, así mantendrás su ritmo y te moverás a mayores niveles de fe.

- Decide ahora mismo levantarte por encima de los lugares, personas y cosas que te alejan de caminar y crecer en la fe. Comienza a edificar una nueva atmósfera de fe en tu vida y hogar. No te conformes a lo temporal; busca a Dios y entra en el ámbito espiritual donde la fe puede cambiar tu realidad. La enfermedad, los problemas, adversidad y pruebas nunca fueron pensados para ser permanentes. Sin embargo, hemos aprendido a tolerarlos y los hemos convertido en algo permanente diciendo: "*Mi* enfermedad; *mi* dolor; *mi* escasez; *mi* depresión...". Hablamos como si nos pertenecieran, cuando no es así. ¡Toma autoridad sobre todo eso en fe, ahora mismo, en el nombre de Jesús!

ENCUENTROS CON EL REINO DE DIOS

Sanada de VIH

Vene Labans de Sudáfrica fue diagnosticada con VIH seis años antes de que el Ministerio El Rey Jesús celebrara una conferencia sobrenatural en East London, Sudáfrica. Un par de días antes de las reuniones, una amiga la invitó a asistir. Vene no estaba muy convencida pero decidió ir. El domingo, el Apóstol Maldonado predicó acerca de "el evangelio del ahora", diciendo que si creemos, recibiremos nuestro milagro. Luego, hizo un llamado al altar para aquellos que fueran VIH-positivo o tuvieran cáncer. Vene se acercó al altar, deseando usar su fe y ser sana. Un miembro del equipo ministerial del Apóstol Maldonado declaró sanidad sobre ella, y Vene sintió que un fuego fluía por todo su cuerpo. Al siguiente día, tenía cita para ir a la clínica a buscar su medicación mensual, pero su amiga insistió en que, en cambio, debía hacerse la prueba para confirmar su sanidad. Así que solicitó una nueva prueba. Para la gloria de Dios, ¡los resultados fueron negativos!

En un día, la vida de Vene fue transformada por completo. Su enfermedad era temporal; llegó a su fin cuando ella encontró el poder de Dios. Hoy testifica: "Esta conferencia ha cambiado por completo mi vida; ¡me ha dado gozo, salud y todo lo que necesitaba!".

Estudio 11

LAS DEMOSTRACIONES DEL REINO DE PODER, AQUÍ Y AHORA

"Y ni mi palabra ni mi predicación fue con palabras persuasivas de humana sabiduría, sino con demostración del Espíritu y de poder".
—1 Corintios 2:4

Introducción

Jesús les enseñó a sus discípulos a orar: *"Porque tuyo es el reino, el poder y la gloria, por los siglos de los siglos. Amén"* (Mateo 6:13). Todas las facetas del dominio de Dios son distintas, pero siempre trabajan en conjunto, unas con otras: el reino es el gobierno del cielo, el poder es la habilidad del cielo y la gloria es la atmósfera del cielo. Dios nos está llamando a ejercer su gobierno de reino, demostrar su poder y manifestar su gloriosa presencia en la tierra, ¡aquí y ahora!

Si bien es importante que le enseñemos a la gente acerca del reino, es aún más poderoso demostrarlo. Si no practicamos lo que enseñamos, no estamos siendo genuinos con nosotros mismos ni con los demás. Jesucristo demostraba el reino enseñando y también actuando con poder. Y Él nos dio la habilidad de hacer lo mismo a través del Espíritu Santo.

Preguntas de estudio

Parte I: El conocimiento debe llevar a una experiencia sobrenatural

1. No es suficiente con sólo oír la *"palabra"* del reino. Esa palabra debe ser plantada en nuestro corazón para que pueda dar fruto. Señala qué le impide a alguna gente establecer la Palabra de Dios en su corazón, completando lo siguiente:

   Mateo 13:19a: *"Cuando alguno oye la palabra del reino y* ________ ________

   ____________________, *viene el malo, y arrebata lo que fue sembrado en su corazón".*

DEFINICIÓN CLAVE: La palabra *"entiende"* en Mateo 13:19 se traduce del vocablo griego *suníemi*. Literalmente significa "juntar" e indica comprensión mental que lleva a una vida piadosa. (Ver STRONG, G4920). En otras palabras, es un entendimiento del conocimiento de Dios que lleva a una vida transformada.

2. (a) ¿Qué deberíamos aceptar con humildad? (Santiago 1:21b NVI)

    ____

    (b) Hacer lo que la Palabra de Dios dice, en lugar de sólo leerla u oírla, nos ayudará a entenderla y establecerla dentro nuestro, para ser transformados. (Ver Santiago 1:22). ¿Con quién comparó, el apóstol Santiago, a la persona que sólo oye la Palabra sin aplicarla a su vida? (Versículos 23b–24 NVI)

    ____

    ____

REFLEXIONES ACERCA DE EXPERIMENTAR LO SOBRENATURAL

La *"palabra del reino"* (Mateo 13:19) es como una semilla. Cuando recibimos una revelación de Dios y dejamos que sea implantada en nosotros, nos imparte el poder que nos capacita para obedecerla. Pero cuando no la entendemos o aceptamos, no puede ser implantada en nosotros. En cambio, es como la semilla que cae al costado del camino; cae en tierra poco profunda y es fácil que se la coman los pájaros y otros animales que pasen por ahí. En el sentido espiritual, esto es lo que sucede cuando el enemigo viene y nos roba la palabra.

La mente humana es muy limitada y no puede abarcar la grandeza de Dios, así que debemos permitirle que nos demuestre lo que creemos y proclamamos, en forma visible. Cada vez que Dios nos da conocimiento o revelación, quiere que tengamos un contacto personal con su reino y poder. Por lo tanto, cada vez que recibimos una palabra que nos inspira, nos desafía y anima a buscar más de Él, no debemos quedarnos donde estamos sino que debemos dar el siguiente paso y experimentar la realidad de esa palabra, lo cual siempre nos llevará a Él.

Cuando tenemos una experiencia con Dios basada en lo que aprendemos de su Palabra o de una jréma que hemos recibido, nuestra perspectiva cambia. Adquirimos mayor profundidad espiritual y podemos explicar la Palabra de Dios con mayor claridad y sabiduría. Ya no describimos a Dios y sus verdades como observadores externos. Es casi como si estuviéramos dentro de la verdad misma, o fuéramos parte de ella.

Debemos conocer a Dios para demostrar sus obras.

Parte II: El equilibrio entre el Espíritu y la Palabra

Jesús pudo enseñar y demostrar el mensaje del reino de Dios porque estaba en contacto continuo con el Padre. Sus palabras y acciones tenían la vida de Dios en ellas. El patrón en la Escritura es que Dios envía su Espíritu antes de enviar su Palabra, porque ésta tiene el poder en la tierra sólo si se origina en la atmósfera de su presencia. Una palabra de Dios opera en la tierra cuando Él habla (ya se una palabra de las Escrituras o una jréma), y el poder de Dios opera cuando Él actúa. Pero una palabra de Dios no demostrará el reino en la tierra hasta que recibamos una revelación de la misma. El Espíritu de Dios y su Palabra siempre trabajan juntos.

3. (a) Como ejemplo del patrón descrito arriba, ¿qué ocurrió antes de que Dios comenzara a crear la vida en la tierra? (Génesis 1:2b)

   ____

   (b) Siguiendo esto mismo, ¿qué palabras habló Dios y que pasó? (Versículo 3)

   ____

4. Según Jesús, ¿qué dos cosas son fundamentales que una persona sepa para tener un entendimiento espiritual preciso? (Marcos 12:24b)

   ____

La gente se secará espiritualmente y morirá a menos que el Espíritu Santo se mueva en ella.

---

5. Las manifestaciones del Espíritu Santo son revelaciones que se disciernen por los sentidos naturales, para que podamos ver y/o escuchar evidencia tangible del reino, el poder y la gloria de Dios. En el día de Pentecostés, el Espíritu Santo ¿cómo demostró tangiblemente el reino —tanto visible como audiblemente, de Espíritu y palabra—, a los seguidores de Jesús y a la multitud en Jerusalén? (Hechos 2:2–4)

___

___

___

Parte III: Los propósitos de demostrar el reino de Dios aquí y ahora

Ahora vamos a pasar a los propósitos de demostrar el reino de Dios, para asegurarnos de entender las razones principales por las que Él desea manifestar su ámbito eterno en la tierra y por qué es tan importante que busquemos primero su reino. (Ver Mateo 6:33).

- **Propósito Nº 1: Que nuestra fe esté fundada en el poder de Dios**

6. ¿Cómo dijo Pablo que presentó su discurso y prédica a los corintios, al anunciarles el evangelio, para que su fe no estuviera fundada en la sabiduría humana sino en el poder de Dios? Completar lo siguiente:

   1 Corintios 2:4: "*Y ni mi palabra ni mi predicación fue con palabras persuasivas de humana sabiduría, sino* ___ ___ ___

   ___ ___ ___ ___..."

Podemos demostrar a Dios sólo cuando lo hemos experimentado.

- **Propósito Nº 2: Establecer un contexto de Reino para el poder de Dios**

7. (a) El poder de Dios siempre viene con el propósito de edificar y expandir el reino de Dios. Recuerda de qué les habló Jesús a sus seguidores, después de su resurrección pero antes de su ascenso, para prepararlos para la venida del Espíritu Santo en Pentecostés. (Hechos 1:3b)

___

(b) ¿Qué les dijo Jesús a sus seguidores que debían "quedarse" o esperar para recibir? (Lucas 24:49)

____

(c) Recuerda qué propósito de reino se cumplió a raíz de que ellos recibieran esto, cuando Pedro proclamó el evangelio con denuedo. (Hechos 2:41)

____

____

(d) Recuerda qué milagro ocurrió poco después, como otra demostración de que el reino de Dios estaba entre ellos. (Hechos 3:1–8)

____

Recibir el "Pentecostés" sin el poder del reino es simplemente otra experiencia cristiana más.

- **Propósito Nº 3: Restaurar a la gente y las cosas al diseño original de Dios, y por ende, restablecer el orden espiritual**

8. (a) ¿Qué le pasaba a la mujer que Jesús vio en la sinagoga y con qué síntomas se manifestaba su problema? (Lucas 13:11)

____

(b) ¿Cuánto tiempo había sufrido este problema aquella mujer? (Versículo 11)

____

(c) ¿Quién había "*atado*" a esta mujer por tanto tiempo? (Éste es un ejemplo de la usurpación del "territorio" de la vida de la persona para establecer su reino de tinieblas). (Versículo 16)

____

(d) Cuando Jesús sanó a esta mujer, ¿cuál dijo que era la razón de hacerlo, indicando que estaba restaurando el reino de Dios a una mujer de fe? Completar lo siguiente:

Lucas 13:16: *"Y a esta* ____________ ______ ________________________, *que Satanás había atado dieciocho años, ¿no se le debía desatar de esta ligadura en el día de reposo?"*.

- **Propósito Nº 4: Establecer la estructura del reino**

La estructura con la que el Espíritu Santo establece y edifica el reino es la estructura de relaciones. No se trata de reglas, tradiciones o estatutos fundados en ideas y propósitos humanos, establecidos por denominaciones o iglesias cuya meta suprema es levantar el orden. Si una estructura es rígida, llevará a los extremos que le impiden al Espíritu Santo moverse. En ese punto, Dios quitará su presencia, y lo único que quedará será una formalidad. Cada manifestación del reino debe ser demostrada dentro de una estructura de orden y propósito relacional.

9. (a) ¿Qué oró Jesús que describe su relación y unidad con el Padre? Completar lo siguiente:

Juan 17:21a: *"...para que todos sean uno; como* ________, ________ ________________, __________ ________; ______ _________ ________ ________".

(b) ¿Qué les dijo Jesús a sus discípulos que sucedería si permanecían en unidad con Él, en Él y si sus palabras permanecían en ellos? (Juan 15:7b)

____

____

(c) Antes de volver al cielo, Jesús les dijo a sus discípulos que les enviaría un *"Consolador"* (Juan 15:26; 16:7), el Espíritu Santo. El Espíritu solía estar *"con"* ellos; entonces, ¿dónde moraría cuando fuera enviado a ellos? (Juan 14:17b)

____

10. (a) ¿Qué oró Jesús al Padre por todos sus seguidores? Completar lo siguiente:

Juan 17:23: "*Yo en ellos, y tú en mí,* ___________ ___________ ___________

___________ ___________ ___________; *para que* ___________

___________ ___________ ___________ ___________ ___________

___________, *y que los has amado a ellos como también a mí me has amado*".

(b) ¿Cómo describió Pablo la unidad que tienen los creyentes en Cristo a través del Espíritu Santo? (1 Corintios 12:13)

____

____

____

(c) ¿Qué dijo Pablo acerca de los diversos dones de los creyentes y de los diferentes ministerios? (Versículos 4–5)

____

____

(d) Es esencial tener relaciones harmoniosas y de beneficio mutuo en la iglesia porque los creyentes nos influenciamos unos a otros inevitablemente, y necesitamos la estructura del reino para lograr el crecimiento espiritual. Como ilustración de estas realidades, ¿cómo deben actuar las ancianas en la iglesia, y qué deben hacer, según el apóstol Pablo? (Tito 2:3–4)

____

____

____

Cuando Jesús ministraba en la tierra, enseñó a establecer una estructura flexible para el reino basada en relaciones.

- **Propósito Nº 5: Confrontar y atar a Satanás y sus demonios**

11. (a) ¿Qué autoridad les dio Jesús a sus discípulos? Completar lo siguiente:

    Lucas 10:19: *"He aquí os doy potestad de hollar serpientes y escorpiones, y*

    ______________ __________ _________________ _________ ________________, *y*

    nada os dañará".

    (b) ¿Qué dijo Jesús acerca de las *"puertas del Hades"* o las fuerzas de las tinieblas, con relación a la iglesia? (Mateo 16:18b)

    ____

- **Propósito Nº 6: Traer juicio y misericordia**

12. (a) Las demostraciones del reino de Dios pueden traer juicio o misericordia, según la gente lo acepte o lo rechace. Por ejemplo, cuando Moisés liberó a los israelitas de la esclavitud, las manifestaciones del poder de Dios trajeron juicio a Egipto y misericordia para Israel; destrucción para uno y libertad para el otro. Paralelamente, ¿cómo es el aroma de Cristo para aquellos que perecen? (2 Corintios 2:15–16a)

    ____

    (b) ¿Cómo es el aroma de Cristo para aquellos que se salvan? (Versículo 16b)

    ____

    (c) ¿Qué dijo el autor de Lamentaciones para ilustrar qué tan seguido Dios extiende sus *"misericordias"* (Lamentaciones 3:22) a su pueblo? (Versículo 23a)

    ____

- **Propósito N°7: Confirmar que somos testigos legítimos de Cristo**

13. Recuerda lo que dijo Jesús acerca de las obras que harían aquellos que crean en Él. (Juan 14:12)

____

____

- **Propósito N° 8: Establecer la expansión del Reino por la fuerza espiritual**

14. El reino de Dios no puede establecerse sin demostraciones contundentes de su poder. Como hemos visto, se necesita esa clase de poder para desarraigar y desterrar el reino de las tinieblas de una persona o lugar. ¿Qué declaración dio Jesús acerca del reino de los cielos en este aspecto? (Mateo 11:12b)

____

Conclusión

Debemos presentar el evangelio con pruebas sobrenaturales, demostrando que ¡Jesús vive y que su poder de resurrección es para hoy! La mayoría de la gente no está interesada en nosotros, nuestro gran conocimiento o las palabras bonitas que hablamos. Está interesada en lo fundamental: Nuestras palabras, ¿llevan a obras sobrenaturales? Nuestro conocimiento, ¿la lleva a una experiencia con Dios? Nuestra revelación, ¿produce una manifestación del poder de Dios? Nuestra teología, ¿trae sanidad al enfermo, liberación al oprimido, prosperidad al pobre y arrepentimiento al pecador? Nuestro testimonio, ¿transforma vidas? Tenemos que vivir —y tan importante como eso, tenemos que discipular a otros cristianos— sobre la base de la revelación de la Palabra de Dios combinada con las demostraciones que avalan su enseñanza.

Los discípulos de Jesús eran personas ordinarias que hicieron obras extraordinarias por el poder de Dios. La venida del Espíritu Santo no fue tan sólo un evento histórico del primer siglo; puede tomar lugar aquí y ahora, si tenemos la fe para recibirla. Dios busca personas comunes que crean en su Palabra y actúen en ella, cuyas mentes estén abiertas a la realidad de su poder y gloria y que puedan traer estos aspectos de su dominio del mundo invisible al ¡aquí y ahora!

Oración de activación

Amado Jesús, estamos dispuestos y disponibles para ir y demostrar tu reino aquí y ahora. Te pedimos que nos des tu gracia sobrenatural para correr riesgos y ser osados a la hora de manifestar tu poder y gloria. Te pedimos que tu Espíritu Santo venga sobre nosotros y nos empodere, ahora, para hacer las obras del Reino. Señor Jesús, por fe, dondequiera que vayamos —a nuestra escuela, trabajo, restaurantes, eventos deportivos, centros de compras, de vacaciones, viaje o a cualquier otro lugar— oraremos por el enfermo, el oprimido y los cautivos, y los liberaremos en tu nombre. Aquellos que no hayan recibido la salvación y el bautismo en el Espíritu Santo ¡los recibirán por tu poder! Sometemos nuestra voluntad y corazón a ti, ahora mismo. En tu nombre, amén.

Pasos para la acción

- Un creyente con mentalidad de reino es aquel que obedece la voz de Dios, poniendo en práctica las verdades espirituales que aprende. ¿Qué verdad del reino has aprendido pero no has practicado? Escribe dos o tres verdades del Reino que no hayas practicado y comienza a obedecerlas por fe, ahora mismo. Mantén un récord de lo que sucede cuando empiezas a obedecer.
- Cuanto más respondamos en fe a la revelación que Dios nos da, experimentando así su presencia y poder, más creceremos en nuestra capacidad de testificar con manifestaciones del reino que apoyen nuestras palabras y podremos ser testigos creíbles de Jesucristo. Cuando desatamos el mismo poder por el que hemos sido salvos, libres y sanos, podemos crear una revolución espiritual, llevando salvación, liberación y sanidad a los demás. Para hacer esto, comienza por el principio, con tu salvación. Dile a la gente lo que te pasó el día que naciste de nuevo. Luego, dile cómo has cambiado desde entonces. Nadie más puede comunicar tu testimonio como tú. Sólo tú puedes hablar con absoluta certeza de cómo has sido transformado. Mientras testificas, el poder de Dios se manifestará, porque serás un testigo legítimo. Comparte tu testimonio hoy. Entonces, a medida que recibas otras demostraciones del poder de Dios en tu vida, compártelas con otras personas, también, para que ellas puedan ser ¡transformadas, sanadas y liberadas!

ENCUENTROS CON EL REINO DE DIOS

Bebé nonato recibe milagro creativo de nuevo riñón

En una cruzada de milagros realizada por el Ministerio El Rey Jesús, el Apóstol Maldonado predicó acerca del poder de Dios y, luego, ministró ese poder a las personas de manera demostrable. Entre los asistentes a la reunión se hallaba una mujer llamada Madeline, embarazada, que había recibido un mal diagnóstico con respecto a su bebé.

En su primera ecografía, el personal médico detectó que a su beba le faltaba el riñón derecho. Aquella madre estaba triste y comenzó a orar por un milagro. Al siguiente mes, le hicieron otra ecografía, y los doctores le confirmaron que el riñón derecho no se había formado. Pero ella no se dio por vencida. Siguió peleando la buena batalla de la fe. (Ver 1 Timoteo 6:12).

En medio de esta situación angustiante, asistió a la cruzada, creyendo en un milagro. El Apóstol Maldonado hizo un llamado al altar para todos los que necesitaran un milagro creativo y Madeline fue una de las primeras en responder. El apóstol declaró la palabra y ella se agarró firme de la misma, llorando y creyendo que Dios había hecho la obra. Durante el noveno mes de su embarazo, cuando fue para que le hicieran la última ecografía, el médico le dijo que no entendía lo que había pasado, pero que lo que antes no existía, ahora estaba allí: ¡el riñón derecho de su beba había aparecido! Para la gloria de Dios, después del nacimiento, Madeline testificó, llena de gozo y agradecimiento, que su hija estaba sana y tenía todos sus órganos. El poder sobrenatural del reino había realizado un milagro creativo que la ciencia médica era incapaz de producir.

Estudio 12

La expansión del reino por la fuerza espiritual

"Hermanos míos, fortaleceos en el Señor, y en el poder de su fuerza".
—Efesios 6:10

Introducción

La iglesia primitiva proclamaba el evangelio con resultados excepcionales. Sin embargo, por los primeros años, la mayoría de los creyentes se quedó dentro de una esfera limitada. Muchos de ellos estaban asentados en Jerusalén. Yo creo que los cristianos primitivos se quedaron donde estaban porque, al principio, les faltaba la revelación de ir a todo el mundo con el evangelio; es decir, la revelación de que la Gran Comisión es global. (Ver, por ejemplo, Mateo 28:18–20). Era para empezar en Jerusalén, pero luego tenían que extenderlo a *"toda Judea, Samaria y hasta lo último de la tierra"* (Hechos 1:8).

Una falta de revelación similar está reteniendo a la iglesia de hoy para que no cumpla su mandato. Muchos creyentes se quedan simplemente donde están. En apariencia, no se sienten listos a nivel espiritual o lo suficientemente "maduros" para ir a sus comunidades y más allá, a proclamar el evangelio del reino con manifestaciones visibles. Entre tanto, el mundo sigue perdido y la gente muriendo y yéndose al infierno. Si esperamos hasta ser lo suficientemente "maduros" antes de demostrar el reino, nunca estaremos listos, porque siempre habrá algo más en nuestra vida que debe cambiar. Pero si estamos espiritualmente en el lugar donde podemos recibir revelación, poder y gloria de Dios y demostrarlos con manifestaciones visibles, nuestras vidas cambiarán, con toda seguridad. Por lo general, el carácter y el ejercicio del poder espiritual crecen juntos. Lo que realmente necesitamos es una revelación del mandato de Jesús de la expansión global del reino. Dios nos bautiza en su Espíritu con el propósito de que recibamos su poder; y su poder lo recibimos para ir y demostrar su reino al mundo, en el ahora.

Preguntas de estudio

Parte I: Debemos tener la revelación de ir a todo el mundo

1. ¿Qué visión y mandato global le dio Jesús a sus discípulos? (Marcos 16:15)

   ____

2. Como aprendimos en la introducción de este estudio, muchos de los primeros cristianos se quedaron en Jerusalén durante algunos años después de que Cristo ascendió a los cielos. ¿Qué causó que la mayoría se moviera fuera de Jerusalén a Judea y Samaria con el mensaje del evangelio, cumpliendo así el mandato de Jesús? Completar lo siguiente:

   Hechos 8:1, 4: "*En aquel día hubo* ______ __________ ____________________

   contra la iglesia que estaba en Jerusalén; y todos fueron esparcidos por las tierras

   de Judea y de Samaria, salvo los apóstoles....Pero los que fueron esparcidos

   __________ ______ __________ __________

   ____________________ ____ ______________".

3. (a) ¿Con qué comparó Jesús, el reino de los cielos, en una de sus parábolas? (Mateo 25:14b)

   ____

   ____

   (b) ¿Qué les confió a sus siervos, el hombre de la parábola, y con qué criterio lo hizo? (Versículo 15a)

   ____

   (c) ¿Qué hizo este hombre después de confiar estas cosas a sus sirvientes, con lo cual los dejó para que usaran su propia iniciativa con lo que habían recibido? (Versículo 15b)

   ____

Cada principio de reino está basado en la ley de aumento y multiplicación.

(d) Cuando aquel hombre volvió, ¿qué les dijo a los siervos que habían ganado talentos adicionales invirtiendo los que les había dado? (Versículos 21, 23)

____

____

(e) ¿Qué respondió el hombre que debía hacerse con el talento del siervo que había sido malo y negligente y no había hecho ninguna ganancia o interés de lo que le había dado? (Versículo 28)

____

(f) ¿Cómo cerró Jesús su parábola de los talentos? Completar lo siguiente:

Mateo 25:29: *"Porque al que tiene,* ______ ____________ ______________*, y* __________ ______________ ___________*; y al que no tiene,* ____________ _______ __________ ______________ ________ ___________ _______________*".*

Tenemos que multiplicar lo que Dios nos ha dado. De otro modo, lo perderemos.

REFLEXIONES ACERCA DE LA EXPANSIÓN DEL REINO

En el Antiguo Testamento, Dios no les dio la Tierra Prometida a los israelitas toda de una vez, porque el pueblo no podía ocupar todo el territorio inmediatamente. Él les dio todo territorio que pisara la planta de sus pies. (Ver Deuteronomio 11:24; Josué 1:3). Así fue como Él los posicionó para la expansión del reino; y hará lo mismo con nosotros.

Dios nos da, a cada uno, un "territorio" de reino, gracia, unción, favor, una medida de fe, autoridad, poder, talentos, dones, finanzas, influencia y más para que los ejerzamos y expandamos. Dependiendo de nuestra fidelidad y administración de lo que Él nos ha dado, aumentará nuestras bendiciones o nos las quitará. Si estamos de continuo a la ofensiva, en términos de crecimiento espiritual y movimiento, Dios nos dará el aumento y suplirá nuestras necesidades. Su responsabilidad como Padre es darnos lo que necesitamos. Cuando nos da más que eso, es con el propósito de bendecir a otros. Aquellos que operan conforme a la mentalidad de reino invierten y multiplican todo lo que Dios les da.

El aumento viene mientras estamos en el proceso de expandir el reino.

Parte II: El plan del enemigo para contener el reino

Cuando nosotros nos esforzamos por ser fieles a Dios y extender su gobierno en la tierra, el enemigo trata de contener esa expansión del reino, y usa seres humanos en sus maquinaciones para desbaratar los propósitos de Dios.

4. (a) Cuando Jesús habló con sus discípulos acerca de su próxima muerte y resurrección, ¿cómo impulsó Satanás a Pedro para que reprendiera a Jesús? (Mateo 16:22b)

   ____

   (b) Recuerda qué dijo Jesús para resistir la tentación de Satanás de eludir la cruz. (Versículo 23b)

   ____

   ____

   ____

5. (a) Más tarde, Jesús le dijo a Pedro que Satanás lo había *"pedido para zarandearos como a trigo"* (Lucas 22:31). Esto, aparentemente, era el intento del enemigo de contener y, tal vez, destruir a un futuro líder de la iglesia. ¿Qué le aseguró Jesús a Pedro que haría por él, y por qué? (Lucas 22:32a)

   ____

(b) ¿Qué le dijo Jesús a Pedro que hiciera una vez que hubiera vuelto a Él? (Versículo 32b)

REFLEXIONES ACERCA DEL PLAN DE CONTENCIÓN DE SATANÁS

Satanás siempre está implementando un plan de contención para detener el avance del reino de Dios. Esto significa que estamos en continua guerra contra un espíritu de represión. No debería sorprendernos que cada vez que hacemos un movimiento de avance nos encontremos con dificultades, obstáculos y persecución. El enemigo tratará de atarnos y retenernos. Nos confinará a un lugar, una situación o circunstancia, en nuestra vida personal, ministerio, negocio o cualquier otra área donde estemos activamente envueltos en extender el reino. Primeramente, trata de confinarnos por medio de tentarnos con la complacencia y la pasividad. La *complacencia* se refiere a la auto-gratificación, complaciendo deseos de la carne o buscando la ganancia personal con egocentrismo y egoísmo. La *pasividad* se refiere al estado de total indiferencia cuando el mal se impone. Es una actitud de tolerancia en la cual le permitimos al enemigo ganar terreno para su reino de tinieblas, sin hacer nada al respecto. (Ver, por ejemplo, Apocalipsis 3:16). La única solución para tales actitudes y comportamiento es el rompimiento espiritual por el poder del Espíritu Santo. Un rompimiento es una intervención repentina de Dios que nos lleva a través y más allá de lo que nos impide pasar a un nuevo territorio del reino de Dios y desplazar el reino de las tinieblas. ¡Dios nos empoderará para derrotar al enemigo y remover y destruir las murallas de enfermedad, pobreza y opresión que tratan de contenernos!

Parte III: Pasos para recibir un rompimiento espiritual

6. Justo antes de que Pablo enumerara las partes de la *"armadura de Dios"* con la que podemos *"estar firmes contra las asechanzas del diablo"* (Efesios 6:11), ¿qué animó a los creyentes a hacer? (Versículo 10)

El poder de Dios en el área de guerra espiritual se llama "fuerza".

DEFINICIÓN CLAVE: La palabra "*fuerza*" en Efesios 6:10 se traduce del vocablo griego *isjús*, que significa "contundencia". Además de "fuerza", *isjús* indica "habilidad", "poder" y "fortaleza" (STRONG, G2479). Este concepto de fuerza es comparable con la fuerza y recursos militares de una gran nación. Un "espíritu de fuerza" o "unción de rompimiento" utiliza la fortaleza del reino de los cielos y su Dios Todopoderoso, cuyo arsenal, estrategias y fuerzas de avance se despliegan para destruir el plan de contención del enemigo y para extender el territorio del reino de Dios en la tierra. Una unción de rompimiento nos capacita para aumentar, multiplicar, expandir o agrandar lo que Dios nos ha dado.

REFLEXIONES ACERCA DEL ROMPIMIENTO ESPIRITUAL

Si vamos a poseer todo lo que Jesús ganó para nosotros, debemos pelear con el enemigo en el poder de la fuerza de Dios, expandiendo su reino por la fuerza espiritual. Para recibir un rompimiento espiritual, tenemos que ser militantes en el ejercicio de los principios del reino. Éste es un asunto espiritual que aplica a todos nosotros, ya sea que nuestra personalidad sea agresiva o tranquila. La pasividad nos dejará heridos espiritualmente en lugar de asegurar nuestros rompimientos. Debemos ser implacables con el enemigo; ¡él quiere destruirnos! Las fortalezas demoníacas temblarán y caerán cuando las empujemos con el poder de Dios. Con la fuerza del Espíritu Santo que mora en nosotros y sus armas sobrenaturales, podemos atravesar la contención del enemigo. En el proceso, nos haremos más fuertes para cumplir nuestro papel en el reino.

El propósito de un rompimiento espiritual es la expansión del Reino.

Vamos a explorar los pasos para recibir un rompimiento espiritual.

- **Rehúsate a tolerar la situación**

7. (a) Sabiendo que nuestro enemigo *"como león rugiente, anda alrededor buscando a quien devorar"*, ¿qué acciones preventivas debemos tomar contra sus artimañas? (1 Pedro 5:8a)

   ____

   (b) ¿Cómo debemos responderle a Satanás cuando ataca nuestra salud, finanzas, matrimonio o cualquier otra área de nuestra vida? (Versículo 9a)

   ____

(c) ¿Qué oró Pedro que Dios hiciera por los creyentes en tales circunstancias? Completar lo siguiente:

1 Pedro 5:10: "*Mas el Dios de toda gracia, …después que hayáis padecido un poco de tiempo, él mismo os* ______________, ______________, ______________ ______ ______________".

Cuando un rompimiento espiritual toma lugar, nuestra vieja mentalidad de limitación cambia a una mentalidad de expansión.

- **Llénate de una indignación santa**

8. ¿Qué instrucción espiritual citó Pablo de Salmos 4:4, que deberíamos seguir al ejercer una justa indignación contra el mal? (Efesios 4:26a NVI)

____

9. Cuando David se llenó de indignación santa contra Goliat, ¿qué dijo acerca del enemigo de Israel? (1 Samuel 17:26b)

____

____

10. (a) ¿Cuál fue la actitud de Pablo hacia el espíritu malo que había poseído a la esclava filipense, que la hacía seguirlo a él y generar conmoción dondequiera que fuera? Completar lo siguiente:

Hechos 16:18a: "*Y esto lo hacía por muchos días;* __________ ______________ ______ __________…".

(b) ¿Qué acción tomó Pablo a raíz de su justa indignación contra el espíritu malo? (Versículo 18b)

____

____

Para establecer tu autoridad en un lugar, siempre debes declarar el nombre de Jesús.

- **Ejerce "violencia espiritual"**

Ser espiritualmente violento significa pelear contra el diablo y sus demonios; no enojarse con Dios ni con otra gente, ni volverse físicamente violento. De otro modo, nuestra violencia no sería de Dios ni sería santa. La violencia espiritual debe ejecutarse contra la injusticia, la enfermedad, pobreza, depresión y todas las obras del diablo.

11. (a) Según lo que aprendimos en el estudio anterior, ¿qué declaración hizo Jesús acerca de ser "violento" o implacable, contra el reino de las tinieblas? (Mateo 11:12b)

    ___

    (b) Discutiendo acerca de cómo derrotar al enemigo, Jesús comparó a Satanás con un "*hombre fuerte*". ¿Qué dijo que debemos hacer primero para poder entrar a la casa de este "*hombre fuerte*" con el fin de saquear sus bienes o tomar de vuelta el territorio que Satanás ha ganado en la tierra? (Mateo 12:29a)

    ___

- **Ofrece alabanza gloriosa y espontánea a Dios**

Una manera importante de invadir el reino de las tinieblas es cantar cánticos bajo la inspiración del Espíritu Santo, y seguir cantando hasta que un espíritu de fuerza venga sobre nosotros y experimentemos un rompimiento sobrenatural.

12. (a) En el Salmo 40, ¿qué dijo David que Dios había puesto en él? (Versículo 3a NVI)

    ___

    (b) ¿Qué dijo David que pasaría cuando el pueblo lo viera (y oyera) cantarlo? (Verse 3b NVI)

    ___

    (c) Cuando el escritor del Salmo 96 nos dice: "*Cantad a Jehová un cántico nuevo*" (versículo 1), ¿qué más nos anima a proclamar y declarar? (Versículos 2b–3)

    ___

(d) En el Salmo 98, ¿qué estableció el salmista como su razón para cantar un cántico nuevo al Señor? (Versículo 1)

____

____

(e) ¿Cuáles son los tres tipos de cánticos que el apóstol Pablo animó a los creyentes a cantar para edificarse espiritualmente los unos a los otros? (Efesios 5:19a; Colosenses 3:16a)

____

(f) ¿Qué debían hacer los creyentes en su corazón? (Efesios 5:19b)

____

Cuando tienes una experiencia con el poder de Dios, te transforma por dentro y por fuera.

Parte IV: Demostrar el reino de poder aquí y ahora

13. (a) ¿Por qué razón Jesús nos escogió y nos señaló para el reino? (Juan 15:16a)

____

(b) ¿Qué hará Dios Padre por nosotros cuando cumplamos este papel asignado? (Versículo 16b)

____

14. ¿Qué promesa y mandato nos dio Jesús para establecer y expandir el gobierno de su reino por todo el mundo? (Hechos 1:8)

____

____

____

15. ¿Qué mensaje de la expansión del reino le dio Dios a su pueblo por medio de Isaías? (Isaías 54:2–3)

____

____

____

____

16. (a) ¿Qué proclamó Isaías acerca del aumento del gobierno y la paz del Rey Jesús? (Isaías 9:7a)

____

(b) ¿Con qué será ordenado y establecido por siempre el gobierno de Jesús? Completar lo siguiente:

Isaías 9:7b: "*...disponiéndolo y confirmándolo* _______ _______________ _____

_______ _______________ *desde ahora y para siempre".*

17. (a) Para resumir este curso de estudio bíblico, ¿qué mensaje deben proclamar los seguidores de Jesús al mundo? (Mateo 10:7b)

____

(b) ¿Qué evidencias debemos manifestar al hacerlo? (Versículo 8a)

____

____

Conclusión

A lo largo de este curso de estudio bíblico, has sido equipado con la revelación del reino de poder de Dios, aquí y ahora. A medida que busques a Dios y le rindas tu vida al Espíritu

Santo, recibirás su empoderamiento y el bautismo de fuego, encendiéndote para manifestar su reino dondequiera que vayas; gobernando sobre la enfermedad, el pecado, los demonios, la pobreza y la muerte.

Dios nos creó para que fuéramos al mundo con todos los dones, habilidades y bendiciones que Él nos ha dado para que podamos extender y multiplicar su reino en la tierra. Cuando lo hagamos, Él aumentará nuestra fe, poder y bendiciones, capacitándonos para continuar agrandando su reino en el mundo. Para extender el dominio de Dios, la iglesia, como un todo, debe funcionar como una embajada del reino para la gente en cada pueblo, ciudad y nación para ir a cada tribu, raza y grupo étnico en el mundo. Tenemos que plantar nuevas iglesias, ministerios, empresas y otros emprendimientos para demostrar el poder sobrenatural de Dios y multiplicar los talentos que Él nos ha dado, y así podamos ganar almas, hacer discípulos, sanar al enfermo, liberar al oprimido y ayudar a los que están en necesidad. No podemos esperar que el enemigo nos ataque para tomar acción contra él. Por el contrario, tenemos que estar en "estado de ataque" permanente, trayendo grandes rompimientos por el espíritu de fuerza de Dios.

El corazón del Señor está en el mundo entero, en la globalización de su evangelio. ¿Estás dispuesto(a) a empujar en el poder del Espíritu para entrar a mayores dimensiones de unción, gloria, poder, autoridad, revelación, provisión y más? ¿Estás dispuesto(a) a expandir la influencia de tu familia, ministerio, empresa u organización por causa del reino de Dios? Decídete hoy. El desafío de traer su reino a la tierra es ¡aquí y ahora!

Oración de activación

Si todavía no has recibido a Jesús como tu Señor y Salvador, quiero darte otra oportunidad de hacerlo, ahora mismo. Haz la oración que se encuentra en la sección de "Oración de activación" al final del estudio 1. No podrás recibir rompimientos ni expandir el reino si no eres un ciudadano del reino. ¡No esperes más!

Si acabas de orar para nacer de nuevo y entrar al reino de Dios, o si has aceptado previamente a Cristo pero aún no has recibido el bautismo del Espíritu Santo, ora lo siguiente para que seas lleno(a) del Espíritu, con la evidencia de hablar otras lenguas. Recuerda que el propósito de ser bautizado con el Espíritu Santo es recibir poder sobrenatural para vencer el pecado, la tentación, la enfermedad, la pobreza, los demonios y la muerte, y para tener victoria en cualquier otra circunstancia adversa de la vida.

> Padre celestial, somos tus hijos y te pedimos que nos llenes con tu precioso Espíritu Santo. Según el Espíritu nos da que hablemos, ahora empezamos a hablar en otras lenguas.

Sigue orando con la excepción de que, ahora mismo, lo harás en el lenguaje celestial.

Si tú ya has recibido a Jesús y has sido bautizado con el Espíritu pero quieres que Dios te use cada vez más para su reino, ora lo siguiente:

Padre celestial, somos tus hijos amados. Somos reyes y sacerdotes bajo tu autoridad que gobernamos nuestros territorios en tu reino. Somos guerreros con tu espíritu de fuerza para derribar las murallas de contención de Satanás y recibir tus rompimientos para una expansión mayor de tu reino. Vive en nosotros hoy, y haz que tu espíritu se mueva en nuestra vida. Haz que nuestro corazón sea receptivo y obediente a tu propósito y voluntad. Venga tu reino, hágase tu voluntad, así en la tierra como en el cielo; aquí y ahora, y por toda la eternidad. ¡Amén y amén!

Pasos para la acción

- Tal vez sientas que estás atascado o te has encontrado con una muralla inamovible en tu vida, y no parece que estés haciendo ningún progreso. En tal situación, deberías revisar tus motivaciones y pedirle a Dios que te revele cualquier actitud o comportamiento que esté bloqueando tu relación con Él e impidiendo tu avance espiritual. Si Él te revela algo, arrepiéntete de inmediato y recibe su perdón. Si después de haber orado, sinceramente, Dios no te revela nada de esto y no parece haber otra razón que justifique las dificultades que estás atravesando, puedes sospechar que Satanás haya construido un obstáculo en tu vida para contener el avance del reino que tú estás haciendo o a punto de hacer. Necesitas un rompimiento espiritual. Sigue los pasos para recibir un rompimiento espiritual descritos en el estudio 12. Dondequiera que te encuentres, el rompimiento está en camino. Te sacará del estancamiento espiritual, personal, vocacional o ministerial para que puedas derribar las murallas de contención del enemigo, destruir las obras del diablo y hacer avanzar el reino de Dios.
- Si no establecemos la autoridad del Señor en nuestra vida y nos sometemos a su gobierno superior, no tenemos derecho legal de ejercer su poder. Cuando el enemigo no ve el gobierno de Dios en nosotros, desafía nuestra autoridad y se rehúsa a irse. Quizá, le has dado derecho legal a Satanás para permanecer en tu situación porque aún no le has dado lugar a Dios y a sus autoridades humanas delegadas. Si te has estado resistiendo a Dios y viviendo en rebelión, arrepiéntete y sométete a Él y a la gente que Él ha puesto en autoridad sobre ti. Recibe el perdón de Dios y luego, ¡pasa a extender su reino con autoridad y fuerza!
- Todos necesitamos buscar a Dios, de todo corazón, para discernir nuestro "territorio" y cumplir la asignación particular que Él nos ha dado. A veces, nuestra asignación

incluirá ser un ministro a tiempo completo; sin embargo, Dios llama a los creyentes a muchos campos, como el de la ley, el gobierno, la educación, las artes, la ciencia y la ingeniería. Si tu vida no está dando fruto para el Señor, o si tu ministerio no es efectivo, hazte preguntas como éstas: "¿A qué territorio o esfera de influencia me ha asignado Dios?". "¿Por qué estoy en mi territorio actual? ¿Permití que alguna circunstancia me trajera aquí? ¿Vine por mi propia elección? ¿O me plantó Dios aquí?". "¿Está mi propósito conectado con este territorio?". "¿Quién es mi autoridad delegada (por ejemplo, mi pastor o apóstol)? ¿Le estoy permitiendo entrenarme, disciplinarme y guiarme conforme a la Palabra de Dios?". "¿Estoy dando fruto que permanezca?". Ora acerca de estas preguntas, responde a lo que Dios te diga y pídele que confirme el territorio y la asignación que Él te ha dado. Una vez que éstos estén confirmados, pídele a Dios que te llene con su pasión por la expansión del reino. Luego, sal en fe a extender el reino en tu territorio.

ENCUENTROS CON EL REINO DE DIOS

Iglesia multiplica sus miembros y ministerio después de rompimientos espirituales

Henry y Claudia González son pastores de una iglesia en Colombia. En cierto tiempo, su liderazgo estaba pasivo y ellos se sentían espiritualmente débiles. La gente parecía irse de la iglesia tan rápido como venía. Tampoco habían podido tener un rompimiento en el área de los milagros. Entonces, asistieron a una Escuela Sobrenatural del Ministerio Quíntuple en el Ministerio El Rey Jesús, y recibieron la paternidad y cobertura espirituales para su iglesia. Esto resultó en una transformación radical de su ministerio. Comenzaron con 600 personas, y 120 dejaron la iglesia. Sin embargo, después de eso, la congregación creció a más de 1.000 miembros con la suma de nuevos creyentes. La iglesia sigue creciendo y los dones espirituales de la congregación han sido activados. Es más, la iglesia pudo pagar su hipoteca en sólo ¡seis meses!

Durante sus servicios regulares, Dios sana a la gente de cáncer, leucemia, enfermedad pulmonar y muchas otras dolencias. Uno de los milagros que tuvo el mayor impacto fue la resurrección de un niño de ocho años de edad, llamado Denis, horas después de haber sido declarado muerto. Su padre lo había llevado al médico porque se quejaba de un dolor en la pierna. Lo diagnosticaron con un tumor maligno en el fémur y, luego de hacerle algunas pruebas, el personal médico descubrió que sus pulmones también habían sido afectados. El hospital llamó a junta médica y ésta decidió que el fémur debía ser reemplazado. Durante la cirugía, surgió una complicación, que le causó una pérdida de sangre significativa. El niño entró en paro cardíaco y murió en la sala de operaciones. Dos horas después de que todos los signos vitales de Denis habían desaparecido, el cirujano ortopédico, que era cristiano, oró por él y reprendió el espíritu de muerte. Para la gloria de Dios, ¡el niño volvió a la vida! Denis testifica que, mientras estuvo muerto, podía verse a sí mismo flotando a través de las nubes con Dios Padre. Nuevas pruebas revelaron que la metástasis en sus pulmones se había revertido. Dios no sólo había soplado aliento de vida en Denis sino que también lo había sanado del cáncer.

Como parte de la multiplicación de su iglesia, los pastores Henry y Claudia González han plantado varias iglesias en tierras donadas. En una de esas tierras, tenían un brujo como vecino. Los pastores oraron y decretaron que el brujo se iría en un mes. Pasado un mes, la esposa y el hijo del brujo vinieron a Cristo y, un mes más tarde, el brujo también fue salvo. Hoy, es un hombre transformado, libre de la brujería.

Estos pastores testifican: "La paternidad espiritual desató la herencia de lo sobrenatural y nos dio seguridad en el propósito de Dios para nuestra vida. Arrancó de la iglesia y de nosotros, la pasividad, el desánimo y todo lo demás que nos detenía, y estableció su reino en nuestro territorio".

RESPUESTAS

Estudio 1: El reino de Dios está dentro de ti

Parte I: Un reino investido del cielo

1. *"Arrepentíos, porque el reino de los cielos se ha acercado"*.
2. (a) no es de este mundo; (b) no es de aquí
3. el reino
4. *"...el reino de Dios está entre vosotros"*.
5. Ambos vendieron todo lo que tenían para poder obtenerlo.

Parte II: Cualidades y carácter del reino de Dios

6. con el poder, con el Espíritu Santo y con profunda convicción
7. (a) sanando toda enfermedad y toda dolencia en el pueblo; (b) con las maravillas, prodigios y señales que Dios hacía por medio de él
8. justicia; paz y gozo

Parte III: Cómo entrar al reino de Dios

9. (a) Debe nacer del agua y del Espíritu. (b) Debemos confesar con nuestra boca al Señor Jesús y creer con nuestro corazón que Dios lo levantó de los muertos. (c) le recibieron; creen en su nombre
10. Arrepentíos; Arrepentíos
11. (a) volverse y hacerse como niños; (b) humildad

Parte IV: La prioridad del reino

12. (a) *"Venga tu reino. Hágase tu voluntad, como en el cielo, así también en la tierra"*. (b) en la tierra
13. (a) el reino de Dios y su justicia; (b) *"Todas estas cosas"* nos serán añadidas. (c) comida, bebida y vestido
14. un reino inconmovible
15. (a) con un hombre prudente que edificó su casa sobre la roca; (b) La casa fundada sobre la roca no cayó. La casa fundada sobre la arena se cayó.

Estudio 2: El mandato original del dominio

Parte 1: Creados para tener dominio

1. a su propia imagen y semejanza
2. (a) Espíritu; (b) el espíritu
3. Fructificad; multiplicaos; llenad la tierra
4. buenas obras
5. sojuzgadla; y señoread
6. el huerto de Edén

Parte II: Entender el dominio

7. (a) lavarse los pies unos a otros; (b) Se enseñorean de ellos y ejercen sobre ellos potestad. (c) *"El que quiera hacerse grande entre vosotros será vuestro servidor, y el que quiera ser el primero entre vosotros será vuestro siervo".*
8. (a) resistid al diablo; (b) Huirá de nosotros.
9. (a) Echó fuera a los que vendían y compraban en el templo; y volcó las mesas de los cambistas, y las sillas de los que vendían palomas; y no consentía que nadie atravesase el templo llevando utensilio alguno. (b) *"¿No está escrito: Mi casa será llamada casa de oración para todas las naciones? Mas vosotros la habéis hecho cueva de ladrones".*
10. que debían perdonarlo y consolarlo, para que no fuera consumido por demasiada tristeza y les rogó que confirmaran el amor hacia él
11. para que sean sanos en la fe
12. porque nos es provechoso, para que participemos de su santidad

Estudio 3: El dominio cedido y recuperado

Parte I: Cómo cayó del dominio la raza humana

1. (a) el árbol de la vida y el árbol de la ciencia del bien y del mal; (b) *"De todo árbol del huerto podrás comer; mas del árbol de la ciencia del bien y del mal no comerás; porque el día que de él comieres, ciertamente morirás".*
2. "Que no comieran de ningún árbol del jardín".
3. (a) *"No moriréis"*. (b) Sus ojos serían abiertos y sería como Dios, sabiendo el bien y el mal.
4. (a) Comieron el fruto. (b) fue engañado; siendo engañada
5. (a) La tierra fue maldita y Adán comería con dolor de ella todos los días de su vida. La tierra produciría espinos y cardos para él, y él comería las plantas del campo. Comería el pan con el sudor de su frente, y cuando muriera, volvería a la tierra de la que había sido tomado, volvería al polvo. (b) muerte

6. *"¡Quítate de delante de mí, Satanás!; me eres tropiezo, porque no pones la mira en las cosas de Dios, sino en las de los hombres"*.

Parte II: Las cuatro etapas de la caída de Adán

7. el árbol de la ciencia del bien y del mal
8. (a) a imagen y semejanza de Dios; (b) la idea de que si comían del fruto, sus ojos serían abiertos y serían como Dios, sabiendo el bien y el mal
9. La iglesia toleraba a una mujer llamada Jezabel que se llamaba a sí misma profetisa. Su enseñanza estaba pervirtiendo al pueblo hacia la inmoralidad sexual y a comer lo sacrificado a los ídolos.
10. (a) el mal; (b) el orgullo, la arrogancia, el *"mal camino"* y los labios perversos
11. (a) ser atraídos y seducidos de nuestra propia concupiscencia; (b) pecado; (c) muerte

Parte III: El resultado catastrófico del pecado de Adán

12. (a) *"el príncipe de este mundo"*; *"el dios de este mundo"*; (b) Satanás es asesino y mentiroso. No hay verdad en él. Es un engañador. Vino a matar, robar y destruir.
13. (a) como *"enemistad contra Dios"*; (b) a la ley de Dios; (c) *"Por cuanto todos pecaron, y están destituidos de la gloria de Dios"*. (d) adulterio, fornicación, inmundicia, lascivia, idolatría, hechicerías, enemistades, pleitos, celos, iras, contiendas, disensiones, herejías, envidias, homicidios, borracheras y orgías; (e) el reino de Dios

Parte IV: Jesús restauró a la humanidad al dominio

14. destruir las obras del diablo
15. (a) Citó lo que estaba escrito en la Palabra de Dios. (b) Se apartó de Jesús por un tiempo. (c) en el poder del Espíritu
16. *"Toda autoridad me es dada en el cielo y en la tierra"*. (b) *"Y a ti te daré las llaves del reino de los cielos; y todo lo que atares en la tierra será atado en los cielos; y todo lo que desatares en la tierra será desatado en los cielos"*. (c) vida abundante

Estudio 4: La resurrección de Jesús estableció su reino y dominio sobre el reino de las tinieblas

Parte I: Jesús experimentó tres tipos de muerte en nuestro lugar

1. la muerte
2. (a) la crucifixión/Él fue crucificado. (b) *"Padre, en tus manos encomiendo mi espíritu"*.
3. todas nuestras iniquidades
4. Sus iniquidades los habían separado de Él, y sus pecados habían hecho que Él ocultara su rostro de ellos para no oír.
5. *"Dios mío, Dios mío, ¿por qué me has desamparado?"*.

6. para que pudiéramos ser hechos la justicia de Dios en Él
7. (a) *"...así estará el Hijo del Hombre en el corazón de la tierra tres días y tres noches".* (b) *"Me has puesto en el hoyo profundo, en tinieblas, en lugares profundos. Sobre mí reposa tu ira, y me has afligido con todas tus ondas. Has alejado de mí mis conocidos; me has puesto por abominación a ellos; encerrado estoy, y no puedo salir".*
8. *"Porque no dejarás mi alma en el Seol, ni permitirás que tu santo vea corrupción".*

Parte II: Jesús experimentó dos resurrecciones en nuestro lugar

9. en espíritu; por la gloria del Padre
10. a los espíritus encarcelados
11. (a) a los muertos; (b) que fueran juzgados en la carne según los hombres, pero vivan en el espíritu según Dios
12. (a) en las primicias de los que durmieron; (b) el testigo fiel, el primogénito de los muertos y el soberano de los reyes de la tierra
13. (a) al cielo; por la diestra de Dios; (b) con un nombre que es sobre todo nombre
14. (a) vivos juntamente con Cristo; (b) Nos resucitó juntamente con Él y nos sentó en lugares celestiales con Él.

Estudio 5: Una revelación de la resurrección, para el reino aquí y ahora

Parte I: Diez revelaciones fundamentales acerca de la resurrección

1. (a) El Jesús resucitado apareció y le dijo a Tomás que pusiera su dedo en la huella de los clavos de su crucifixión, y su mano donde la espada del soldado había herido su costado. Entonces, le dijo a Tomás que no fuera incrédulo sino creyente. Tomás le respondió: *"¡Señor mío y Dios mío!".* (b) *"Bienaventurados los que no vieron, y creyeron".* (c) Pedro le dijo al hombre cojo que se levantara y caminara en el nombre de Jesús, y lo tomó de la mano derecha y lo levantó. (d) Sus pies y tobillos recibieron fuerza de inmediato y pudo caminar y saltar, mientras alababa a Dios.
2. hijos de Dios
3. vida nueva
4. Nuestra fe sería vacía; seríamos hallados falsos testigos de Dios; nuestra fe sería vana; seguiríamos en nuestros pecados; aquellos que hubieran dormido en Cristo hubieran perecido; nuestra esperanza en Cristo sería sólo para esta vida y seríamos dignos de lástima.
5. Hijo de Dios con poder; por la resurrección de entre los muertos
6. (a) "[Yo soy] *El que vivo, y estuve muerto; mas he aquí que vivo por los siglos de los siglos".* (b) alma viviente; espíritu vivificante
7. (a) Rey de reyes, Señor de señores; (b) Los despojó y los exhibió públicamente, triunfando sobre ellos.

8. (a) tenemos redención por su sangre; el perdón de pecados; (b) Nos levantará (con Jesús). (c) Transformará el cuerpo de la humillación nuestra, para que sea semejante al cuerpo de la gloria suya.
9. (a) Reinarán en vida, por Jesucristo. (b) echarán fuera demonios; enfermos pondrán sus manos; y sanarán
10. (a) con gran poder; (b) El Señor los ayudaba, confirmando la Palabra con las señales que la seguían.

Parte II: Cómo caminar en el poder de la resurrección

11. (a) *"Si alguno quiere venir en pos de mí, niéguese a sí mismo, tome su cruz cada día, y sígame"*. (b) no sea como yo quiero; sino como tú; (c) andando en el Espíritu
12. (a) Cristo; (b) la vivimos en la fe del Hijo de Dios, el cual nos amó y se entregó a sí mismo por nosotros; (c) las cosas de arriba, donde está Cristo sentado a la diestra de Dios; (d) Debemos poner nuestra mente en las cosas de arriba; no debemos poner nuestra mente en las de la tierra.
13. la esperanza del llamado de Dios y las riquezas de la gloria de su herencia en los santos
14. (a) la supereminente grandeza del poder de Dios para nosotros los que creemos; (b) *"Yo soy la resurrección y la vida"*. (c) resucitad muertos
15. el alma de todo viviente y el hálito de todo el género humano
16. (a) *"No lloréis; no está muerta, sino que duerme"*. (b) Después de hacer que los que la lloraban dejaran la habitación, Jesús tomó a la niña de la mano y dijo: *"Muchacha, levántate"*. Su espíritu volvió a ella y la niña se levantó de inmediato. (c) La enfermedad de Lázaro no era para muerte, sino para la gloria de Dios, para que el Hijo de Dios fuera glorificado por ella.

Estudio 6: El conflicto espiritual entre dos reinos

Parte I: Cómo gobierna el reino de Dios

1. al Padre
2. (a) herederos; herederos de Dios; coherederos con Cristo; (b) seremos semejantes a él
3. el consolador, el Espíritu Santo
4. (a) *"Apartadme a Bernabé y a Saulo para la obra a que los he llamado"*. (b) Después de orar y ayunar, impusieron las manos sobre Bernabé y Saulo (Pablo) y los enviaron. (c) Que iba a venir una gran hambruna a todo el mundo. (d) Decidieron enviar ayuda a los creyentes en Judea. (e) que el hombre tenía fe para ser sano; (f) Pablo le dijo, en alta voz: *"Levántate derecho sobre tus pies"*. El hombre saltó y caminó.
5. (a) Mateo 16:24: *"Si alguno quiere venir en pos de mí, niéguese a sí mismo, y tome su cruz, y sígame"*. Mateo 11:28: *"Venid a mí todos los que estáis trabajados y cargados, y yo os haré descansar"*. Juan 7:37b: *"Si alguno tiene sed, venga a mí y beba"*. (b) querer y oír

Parte II: Cómo gobierna el reino de las tinieblas

6. (a) Él ciega su entendimiento. (b) Él arrebata lo que fue sembrado en su corazón.

7. *"hijos de desobediencia"*
8. inmoralidad sexual, impureza, bajas pasiones, malos deseos y avaricias, la cual es idolatría
9. (a) un espíritu de adivinación; (b) Pablo le dijo al espíritu: *"¡En el nombre de Jesucristo, te ordeno que salgas de ella!"*
10. perfeccionarse con esfuerzos humanos
11. principados, potestades, gobernadores de las tinieblas de este siglo, y contra huestes espirituales de maldad en las regiones celestes

Parte III: Cuatro resultados de la victoria de Jesús sobre Satanás, en la cruz

12. más que vencedores
13. Le quitó todas sus armas en que confiaba, y repartió el botín.
14. el cinturón de la verdad, la coraza de la justicia, calzados los pies con el apresto del evangelio de la paz, el escudo de la fe, el yelmo de la salvación y la espada del espíritu que es la palabra de Dios
15. (a) el poder de la muerte; (b) Nos liberó.
16. echar fuera demonios por el Espíritu de Dios

Estudio 7: El evangelio del Reino proclamado en el "ahora"

Parte I: El verdadero evangelio del reino es aquel que tiene poder y revelación

1. poder de Dios para salvación de todo aquel que cree
2. (a) de que tan pronto os hayáis alejado; para seguir un evangelio diferente; (b) la fe de Jesucristo
3. (a) La palabra de Dios escaseaba; no había visión con frecuencia. (b) El pueblo se desenfrena.
4. apóstoles; profetas

Parte II: La revelación es para actuar en ella

5. (a) *"Si tocare tan solamente su manto, seré salva"*. (b) Ella fue por detrás de Jesús, entre la multitud, y tocó su manto. (c) El flujo o *"la fuente"* de su sangre se secó, ella sintió en su cuerpo que estaba sana. Jesús le dijo: *"Hija, tu fe te ha hecho salva; ve en paz, y queda sana de tu azote"*.
6. (a) *"...solamente di la palabra, y mi criado sanará. Porque también yo soy hombre bajo autoridad, y tengo bajo mis órdenes soldados; y digo a éste: Ve, y va; y al otro: Ven, y viene; y a mi siervo: Haz esto, y lo hace"*. (b) *"De cierto os digo, que ni aun en Israel he hallado tanta fe"*. (c) Fue sanado en aquella misma hora.

Parte III: Administradores de la revelación de Dios

7. (a) por la revelación de Jesucristo; (b) que ha sido manifestado ahora; (c) mi evangelio; (d) las Escrituras de los profetas
8. que sea hallado fiel

Parte IV: Predicar el evangelio con evidencia sobrenatural, en el ahora

9. (a) El evangelio del reino sería predicado en todo el mundo. (b) para testimonio a todas las naciones
10. *"Los ciegos ven, los cojos andan, los leprosos son limpiados, los sordos oyen, los muertos son resucitados, y a los pobres es anunciado el evangelio".*
11. señales y prodigios y diversos milagros y repartimientos del Espíritu Santo
12. (a) con sus palabras y obras; (b) señales y milagros, por el poder del Espíritu de Dios; (c) completado la proclamación del evangelio de Cristo

Parte V: Principios de nuestra comisión de reino

13. *"Por tanto, id, y haced discípulos a todas las naciones, bautizándolos en el nombre del Padre, y del Hijo, y del Espíritu Santo; enseñándoles que guarden todas las cosas que os he mandado".* (b) Id. (c) El Señor trabajaba con ellos y confirmaba la palabra con las señales que los seguían.
14. (a) *"La mies a la verdad es mucha, mas los obreros pocos".* (b) para que el Señor de la mies mandara más obreros a su mies; (c) que ninguno perezca, sino que todos procedan al arrepentimiento
15. (a) a su hermano Simón; (b) Llevó a Simón a ver a Jesús.
16. (a) a las sinagogas; (b) a los gentiles, reyes y a los hijos de Israel; (c) Crispo, el principal de la sinagoga con toda su casa; muchos de los corintios

Estudio 8: La restauración de lo sobrenatural en la iglesia

Parte I: Los principios de lo sobrenatural

1. (a) Espíritu; (b) *"Yo Soy El que Soy".* (c) principio y fin; el Todopoderoso; (d) *"Dios no es hombre, para que mienta, ni hijo de hombre para que se arrepienta. Él dijo, ¿y no hará? Habló, ¿y no lo ejecutará?".*
2. (a) *"Y él es antes de todas las cosas, y todas las cosas en él subsisten".* (b) con la palabra de su poder
3. (a) Él muda los tiempos y las edades; quita reyes, y pone reyes; da la sabiduría a los sabios, y la ciencia a los entendidos. Él revela lo profundo y lo escondido. (b) vida, aliento y todas las cosas; (c) el orden de los tiempos, y los límites de su habitación; (d) para que todos lo busquen y, aunque sea a tientas, lo encuentren
4. *"oro, o plata, o piedra, escultura de arte y de imaginación de hombres"*
5. (a) los milagros y señales que hacía Felipe; (b) Les ofreció dinero a los apóstoles y dijo: *"Dadme también a mí este poder, para que cualquiera a quien yo impusiere las manos reciba el Espíritu Santo".* (c) porque pensó que el don de Dios se obtenía con dinero; (d) Simón estaba envenenado con amargura y en prisión de maldad.
6. sin restricción
7. por siempre y siempre
8. (a) le amaré; me manifestaré a él; (b) las obras que Él hacía y aun mayores

9. (a) *"Y de cierto sobre mis siervos y sobre mis siervas en aquellos días derramaré de mi Espíritu, y profetizarán. Y daré prodigios arriba en el cielo, y señales abajo en la tierra, sangre y fuego y vapor de humo; el sol se convertirá en tinieblas, y la luna en sangre".* (b) No debemos turbarnos. (c) la paz

Parte II: La oposición a lo sobrenatural

10. (a) que Jesús es el Cristo; que Jesucristo vino en carne; (b) la unción del Santo; (c) *"Aparentarán ser piadosos, pero su conducta desmentirá el poder de la piedad".*
11. (a) *"Cuídense de que nadie los engañe mediante filosofías y huecas sutilezas, que siguen tradiciones humanas y principios de este mundo, pero que no van de acuerdo con Cristo".* (b) la ha enloquecido; (c) poder de Dios y sabiduría de Dios; (d) derribando argumentos y toda altivez que se levanta contra el conocimiento de Dios, y llevando cautivo todo pensamiento a la obediencia a Cristo

Parte III: Por qué necesitamos lo sobrenatural

12. (a) poder y autoridad sobre todos los demonios, y para sanar enfermedades; (b) Salieron y fueron por todas las aldeas, anunciando el evangelio y sanando por todas partes. (c) Muchos de ellos creyeron en el Señor.
13. (a) permaneciendo en Él; (b) que fueran prosperados en todas las cosas, y que tuvieran salud, así como prosperaban sus almas
14. (a) el que ara alcanzará al segador, y el pisador de las uvas al que lleve la simiente; (b) tres mil; (c) cinco mil; (d) multitudes
15. (a) todas las cosas son posibles; (b) *"¿No te he dicho que si crees, verás la gloria de Dios?".*
16. (a) todo lo que es nacido de Dios; el que cree que Jesús es el Hijo de Dios; (b) nuestra fe; (c) *"Todo lo puedo en Cristo que me fortalece".*

Estudio 9: Un dominio de reyes y sacerdotes

Parte I: La conexión pacto-reino

1. (a) especial tesoro sobre todos los pueblos; un reino de sacerdotes, y gente santa; (b) nos hizo reyes y sacerdotes para Dios; su Padre
2. estaremos por cabeza y no por cola; por encima solamente y no por debajo

Parte II: El ministerio sacerdotal de Cristo

3. apóstol; sumo sacerdote
4. el orden de Melquisedec

Parte III: El papel del sacerdote del reino de Dios, en el ahora

5. (a) santo; agradable a Dios; (b) de Jesucristo; (c) no conformarnos a este mundo y ser transformados por medio de la renovación de nuestro entendimiento; (d) la buena voluntad de Dios, agradable y perfecta
6. (a) porque Él es grande y digno de suprema alabanza; (b) siempre

7. (a) *"Amad, pues, a vuestros enemigos, y haced bien, y prestad, no esperando de ello nada"*. (b) Medida buena, apretada, remecida y rebosando darán en vuestro regazo. (c) La persona generosa será prosperada; la persona que sacia a otras será saciada.
8. (a) diezmos y ofrendas; (b) *"En verdad os digo, que esta viuda pobre echó más que todos. Porque todos aquéllos echaron para las ofrendas de Dios de lo que les sobra; mas ésta, de su pobreza echó todo el sustento que tenía"*. (c) Cada uno dé como propuso en su corazón: no con tristeza, ni por necesidad. (d) al dador alegre
9. (a) súplicas, oraciones, intercesiones y acciones de gracias; (b) Versículo 10: que venga el reino de Dios y que se haga su voluntad en la tierra como es en el cielo; versículo 11: que Dios nos dé nuestro pan diario; versículo 12: que Dios perdone nuestras deudas así como nosotros perdonamos a nuestros deudores; versículo 13a: que Dios no nos meta en tentación y nos libre del mal
10. linaje escogido; real sacerdocio; nación santa; pueblo adquirido por Dios

Parte IV: El papel de rey en el reino de Dios, en el ahora

11. (a) *"Jehová enviará desde Sion la vara de tu poder"*. (b) *"Domina en medio de tus enemigos"*. (c) En mi nombre; (d) la fe en el nombre de Jesús
12. (a) Hacían oración a Dios sin cesar. (b) un ángel del Señor; (c) Se asombraron. (d) Al momento un ángel del Señor le hirió, por cuanto no dio la gloria a Dios; y expiró comido de gusanos. (e) crecía y se multiplicaba
13. (a) que si pedimos alguna cosa conforme a su voluntad, él nos oye; (b) las peticiones que le hayamos hecho
14. (a) *"Que no habrá lluvia ni rocío en estos años, sino por mi palabra"*. (b) cierre los cielos; y no haya lluvia; (c) *"Ve, muéstrate a Acab, y yo haré llover sobre la faz de la tierra"*. (d) *"Sube, come y bebe; porque una lluvia grande se oye"*. (e) Los cielos se oscurecieron con nubes y viento, y hubo una gran lluvia. (f) sujeto a pasiones semejantes a las nuestras; (g) la oración eficaz del justo
15. (a) El lugar en que estaban congregados tembló; y todos fueron llenos del Espíritu Santo, y hablaban con denuedo la palabra de Dios. (b) Por la mano de los apóstoles se hicieron muchas señales y maravillas entre el pueblo. Multitudes de hombres y mujeres se agregaron al Señor. La gente enferma o atormentada por demonios inmundos fue sana.
16. No sabemos cómo debemos orar, pero el Espíritu intercede por nosotros con gemidos indecibles; Él intercede por nosotros de acuerdo a la voluntad de Dios.

Estudio 10: La fe, la moneda del reino

Parte I: Dónde se origina la fe

1. *"la sustancia de lo que se espera, la evidencia de lo que no se ve"*
2. por el oír, y el oír de la palabra de Dios
3. *"No sólo de pan vivirá el hombre, sino de toda palabra que sale de la boca de Dios"*.
4. una medida de fe

5. lo que ve hacer al Padre; también lo hace el Hijo igualmente
6. (a) la vida y la muerte; (b) la que sea buena para la necesaria edificación, a fin de dar gracia a los oyentes; (c) salmos, doctrinas, lenguas, revelaciones e interpretaciones
7. *"Nada hay imposible para Dios"*.

Parte II: Cómo vivir y moverse en la fe del "ahora"

8. (a) el justo; (b) por fe y para fe
9. (a) lo por venir desde el principio; desde la antigüedad lo que aún no era hecho; (b) por la fe y la paciencia
10. él os guiará a toda la verdad; os hará saber las cosas que habrán de venir
11. (a) luz; entendimiento al simple; (b) enseñar, reprender, corregir e instruir en la justicia
12. (a) derribar fortalezas; (b) derribando argumentos y toda altivez que se levanta contra el conocimiento de Dios, y llevando cautivo todo pensamiento a la obediencia a Cristo
13. (a) meditar en sus mandamientos, considerar sus caminos, regocijarse en sus estatutos y no olvidar sus palabras; (b) *"Abre mis ojos, y miraré las maravillas de tu ley"*. (c) *"Enséñame, oh Jehová, el camino de tus estatutos, y lo guardaré hasta el fin. Dame entendimiento, y guardaré tu ley, y la cumpliré de todo corazón"*.
14. La verdad nos haría libres.
15. (a) *"Por su llaga fuimos sanados"*. b) *"Y mi Dios suplirá todo lo que os falta conforme a sus riquezas en gloria en Cristo Jesús"*. (c) *"A ordenar que a los afligidos de Sion se les dé gloria en lugar de ceniza, óleo de gozo en lugar de luto, manto de alegría en lugar del espíritu angustiado"*. (d) *"Por tanto, no desmayamos; antes aunque éste nuestro hombre exterior se va desgastando, el interior no obstante se renueva de día en día. Porque esta leve tribulación momentánea produce en nosotros un cada vez más excelente y eterno peso de gloria; no mirando nosotros las cosas que se ven, sino las que no se ven"*.
16. (a) fe, virtud, conocimiento, dominio propio, perseverancia, piedad, afecto fraternal y amor; (b) No estaremos ociosos ni sin fruto en cuanto al conocimiento de nuestro Señor Jesucristo.
17. (a) la fe que obra por el amor; (b) el amor de Dios

Estudio 11: Las demostraciones del reino de poder, aquí y ahora

Parte I: El conocimiento debe llevar a una experiencia sobrenatural

1. no la entiende
2. (a) la palabra plantada en nosotros; (b) alguien que mira su rostro en un espejo y luego se va e inmediatamente olvida cómo se ve

Parte II: El equilibrio entre el Espíritu y la Palabra

3. (a) El Espíritu de Dios se movía sobre la faz de las aguas. (b) Él dijo: *"Sea la luz"* y fue la luz.
4. Las Escrituras y el poder de Dios

5. con un estruendo como de un viento recio que soplaba, con lenguas repartidas, como de fuego, asentándose sobre cada uno de ellos; con el sonido de otras lenguas

Parte III: Los propósitos de demostrar el reino de Dios aquí y ahora

6. con demostración del Espíritu y de poder
7. (a) acerca del Reino; (b) poder de lo alto; (c) Los que recibieron su palabra fueron bautizados; y se añadieron aquel día como tres mil personas. (d) la sanidad de un hombre cojo de nacimiento
8. (a) Ella tenía un espíritu de enfermedad, andaba encorvada y no se podía enderezar. (b) 18 años; (c) Satanás; (d) hija de Abraham
9. (a) tú; oh Padre; en mí; y yo en ti; (b) Que podían pedir todo lo que quisieran y les sería hecho. (c) en ellos
10. (a) para que sean perfectos en unidad; el mundo conozca que tú me enviaste; (b) *"Porque por un solo Espíritu fuimos todos bautizados en un cuerpo, sean judíos o griegos, sean esclavos o libres; y a todos se nos dio a beber de un mismo Espíritu"*. (c) *"Ahora bien, hay diversidad de dones, pero el Espíritu es el mismo. Y hay diversidad de ministerios, pero el Señor es el mismo"*. (d) Las ancianas deben ser reverentes en su porte; no calumniadoras, no esclavas del vino, maestras del bien; que enseñen a las mujeres jóvenes a amar a sus maridos y a sus hijos.
11. (a) sobre toda fuerza del enemigo; (b) Que no prevalecerán contra ella.
12. (a) olor de muerte para muerte; (b) olor de vida para vida; (c) *"Nuevas son cada mañana"*.
13. *"El que en mí cree, las obras que yo hago, él las hará también; y aun mayores hará, porque yo voy al Padre"*.
14. *"El reino de los cielos sufre violencia, y los violentos lo arrebatan"*.

Estudio 12: La expansión del reino por la fuerza espiritual

Parte I: Debemos tener la revelación de ir a todo el mundo

1. *"Id por todo el mundo y predicad el evangelio a toda criatura"*.
2. una gran persecución; iban por todas partes anunciando el evangelio
3. (a) con un hombre que yéndose lejos, llamó a sus siervos y les entregó sus bienes; (b) cierto número de "talentos" conforme a la capacidad de cada uno; (c) Se fue de viaje. (d) *"Bien, buen siervo y fiel; sobre poco has sido fiel, sobre mucho te pondré; entra en el gozo de tu señor"*. (e) *"Quitadle, pues, el talento, y dadlo al que tiene diez talentos"*. (f) le será dado; tendrá más; aun lo que tiene le será quitado

Parte II: El plan del enemigo para contener el reino

4. (a) *"Señor, ten compasión de ti; en ninguna manera esto te acontezca"*. (b) *"¡Quítate de delante de mí, Satanás!; me eres tropiezo, porque no pones la mira en las cosas de Dios, sino en las de los hombres"*.
5. (a) Que había rogado por él para que no le faltara la fe. (b) que confirmara a sus hermanos

Parte III: Pasos para recibir un rompimiento espiritual

6. a fortalecerse en el Señor y en el poder de su fuerza
7. (a) ser sobrios y velar; (b) resistirlo, permaneciendo firmes en la fe; (c) perfeccione; afirme; fortalezca y establezca
8. *"Si se enojan, no pequen"*.
9. *"¿Quién es este filisteo incircunciso, para que provoque a los escuadrones del Dios viviente?"*.
10. (a) mas desagradando a Pablo; (b) Le ordenó al espíritu malo que saliera de la muchacha en el nombre de Jesús.
11. (a) *"El reino de los cielos sufre violencia, y los violentos lo arrebatan"*. (b) atarlo
12. (a) un cántico nuevo, un himno de alabanza a Dios; (b) Que muchos temerán y confiarán en Jehová. (c) de día en día la salvación de Dios; su gloria entre las naciones; sus maravillas en todos los pueblos; (d) *"Porque ha hecho maravillas; su diestra lo ha salvado, y su santo brazo"*. (e) salmos, himnos y cánticos espirituales; (f) cantar y alabar al Señor

Parte IV: Demostrar el Reino de poder aquí y ahora

13. (a) para que llevemos fruto que permanezca; (b) Nos dará todo lo que pidamos en el nombre de Jesús.
14. *"Pero recibiréis poder, cuando haya venido sobre vosotros el Espíritu Santo, y me seréis testigos en Jerusalén, en toda Judea, en Samaria, y hasta lo último de la tierra"*.
15. *"Ensancha el sitio de tu tienda, y las cortinas de tus habitaciones sean extendidas; no seas escasa; alarga tus cuerdas, y refuerza tus estacas. Porque te extenderás a la mano derecha y a la mano izquierda; y tu descendencia heredará naciones, y habitará las ciudades asoladas"*.
16. (a) *"Lo dilatado de su imperio y la paz no tendrán límite"*. (b) en juicio y en justicia
17. (a) *"El reino de los cielos ha llegado"*. (b) sanar a los enfermos, limpiar a los leprosos, resucitar a los muertos, echar fuera demonios

ACERCA DEL AUTOR

El Apóstol Guillermo Maldonado es un hombre llamado a traer el poder sobrenatural de Dios a esta generación, a nivel local e internacional. Lleva activo en el ministerio más de veinte años, y es el fundador y pastor del Ministerio Internacional El Rey Jesús —una de las iglesias multiculturales de más rápido crecimiento en los Estados Unidos—; el cual ha sido reconocido por el desarrollo de líderes de reino y por las manifestaciones visibles del poder sobrenatural de Dios.

El Apóstol Maldonado posee una Maestría en Teología Práctica de la Oral Roberts University y un Doctorado en Divinidades de la Vision International University; pero sobre todo está firme y enfocado en la visión que Dios le ha dado de evangelizar, afirmar, discipular y enviar. Su misión es enseñar, entrenar, equipar y enviar líderes y creyentes para que lleven el poder sobrenatural de Dios a sus comunidades, para dejar un legado de bendición a las futuras generaciones. Esta misión es mundial. El Apóstol Maldonado es padre espiritual de más de cien pastores y apóstoles de iglesias locales e internacionales, que forman parte de una creciente organización: la Red Apostólica Vino Nuevo, fundada también por él.

Él es autor de numerosos libros y manuales, muchos de los cuales han sido traducidos a diferentes idiomas. Sus libros con Whitaker House incluyen *Cómo caminar en el poder sobrenatural de Dios (How to Walk in the Supernatural Power of God)*, *La gloria de Dios (The Glory of God)*, y *El reino de poder: Cómo manifestarlo aquí y ahora (The Kingdom of Power: How to Manifest It Here and Now)*. Además, predica el mensaje de Jesucristo y su poder redentor a través de su programa internacional de televisión, *Tiempo de Cambio (Time for Change)*, que sale al aire por varias cadenas televisivas, alcanzando así a millones de personas alrededor del mundo.

El Apóstol Maldonado reside en Miami, Florida, con su esposa y compañera en el ministerio, Ana, y sus dos hijos, Bryan y Ronald.